安徽省教育厅重大项目（SK2020ZD015）
安徽科技学院稳定人才项目（CJWD201601）

我国承接国际服务外包陷阱的产生机理及跨越研究

RESEARCH ON THE GENERATION MECHANISM AND LEAP OF
CHINA'S TRAP OF UNDERTAKING INTERNATIONAL SERVICE OUTSOURCING

李 强 著

经济管理出版社
ECONOMY & MANAGEMENT PUBLISHING HOUSE

图书在版编目（CIP）数据

我国承接国际服务外包陷阱的产生机理及跨越研究/李强著 . —北京：经济管理出版社，2021. 12

ISBN 978 – 7 – 5096 – 8283 – 8

Ⅰ. ①我… Ⅱ. ①李… Ⅲ. ①服务业—对外承包—风险管理—研究—中国 Ⅳ. ①F752. 68

中国版本图书馆 CIP 数据核字（2021）第 261738 号

组稿编辑：王格格
责任编辑：王格格　詹　静
责任印制：黄章平
责任校对：董杉珊

出版发行：经济管理出版社
　　　　　（北京市海淀区北蜂窝 8 号中雅大厦 A 座 11 层　　100038）
网　　　址：www. E – mp. com. cn
电　　话：（010）51915602
印　　刷：北京晨旭印刷厂
经　　销：新华书店
开　　本：720mm×1000mm/16
印　　张：12. 25
字　　数：210 千字
版　　次：2021 年 12 月第 1 版　　2021 年 12 月第 1 次印刷
书　　号：ISBN 978 – 7 – 5096 – 8283 – 8
定　　价：88. 00 元

目 录

第一章 绪论

第一节 问题的提出

在当前国际分工体系重构和全球产业升级的历史背景下，服务业发展被赋予了越来越重要的意义，许多新兴服务业正在不断从制造业领域分离出来，且逐渐成为国际分工的新热点。进入 21 世纪，随着国际产业转移的持续深化和服务业全球化的发展，一些跨国公司开始将制造业链条中的服务环节（如营销、公关、金融服务、市场推介等）外包给国内本土企业或者国外的服务代工企业，所以服务外包可能发生在国家内部，也可能跨越国界在不同国家之间形成外包。发生在国家内部地区间或地区内的外包为国内服务外包，这种服务外包是基于国内价值链上进行的。发生于国家间的外包为国际服务外包，这种服务外包是基于全球价值链上进行的。

20 世纪 90 年代，随着信息技术突破性的发展，使得原本不适合外包的服务越来越具有商品化和标准化的性质，打破了古典贸易理论的"服务不可转移"的假设。基于价值链上的服务外包犹如雨后春笋般在全球范围内迅速发展起来，尤其是国际服务外包，服务的国际化也已经成为 21 世纪经济全球化的重心。目前全球国际服务外包已经经历了最初的 IT 服务外包（ITO）阶段以及其后的业务流程外包（BPO）阶段，但是知识流程外包（KPO）在发展中国家发展尚未形成规模。我国银行业、保险业等服务领域逐步对外开放，知识产权的保护也开始逐渐完善，承接国际服务外包将成为中国经济发展和产业调整的重大启动点。

从理论上来讲，我国承接国际服务外包能够直接增加服务业在国民经济中的比重，实现产业结构向高附加值、高技术水平的方向发展。但是作为承接国，我国也存在着被锁定在全球价值链的低附加值部分的风险。西方发达国家控制全球价值链中这些服务环节来驱动各个产业在全球分工，利用全球资源发展其有竞争优势的产业，不仅如此，发达国家目前进一步利用全球价值链将其控制的中高端服务环节进一步分解，在全球配置，利用各国高技能要素，提高其研发创新效率，同时又遏制其他国家通过接受其研发外包获取其核心技术。因此，我国以国际服务外包进入全球价值链中高端产业升级，毫无疑问地会面临发达国家的压制和竞争。

从实际发展过程来看，在全球国际服务外包中，美、日、欧等发达国家和地区占据着主导地位，掌握着价值链的高端环节，是主要的发包方，提供了全球服务外包业务的绝大多数份额。美国占了全球市场的 64%，欧洲占了 18%，日本占了 10%，其他国家不到 10%；从承接国来看，服务外包承接国数量增加很快，但是发展的层次不一样。澳大利亚、新西兰、爱尔兰、加拿大等发达国家服务外包行业比较成熟，承接的是相对高端的服务外包环节，印度作为传统的服务外包承接大国，正在从信息技术外包向业务流程外包和知识外包转型，我国承接国际服务外包发展迅速，但多处于服务价值链的低端环节。虽然我国承接国际服务外包发展迅速，并且对就业和收入产生了积极的推动作用，但产业升级效应不明显。

总的来看，我国在承接国际服务外包方面还存在着很多的问题，不容忽视：

首先，目前承接国际服务外包规模还比较低，以 2007 年为例，服务业离岸外包为 22.8 亿美元，仅占国内服务外包的 15%，远远低于在岸外包的水平。其次，我国接包企业在承接国际服务外包业务时，项目的平均合同规模普遍偏小，赛迪顾问的调研结果显示，目前国内能承担 500 万美元以上离岸外包服务业的企业屈指可数，1000 万美元以上单个合同仅占合同总数的 1.6%，500 万~1000 万美元和 100 万~500 万美元的合同分别占 1.9% 和 7.7%，大多数合同金额均在 50 万美元以下。最后，从服务外包的内容上看，我国承接国际服务外包还主要局限于基础的网络设施和桌面设备的支持与维护上，而更高层次的 BPO、KPO 的市场规模非常有限。因此，总体来说承接国际服务外包的产业升级效应既有有利的一面，同时也存在不利的影响。

服务外包除了基于全球价值链的国际外包之外，还有外包给国内本土企业的国内服务外包。作为服务外包的另一种形式，国内服务外包是否具有与国际服务外包相似的产业升级效应？实际上基于国内价值链的视角，国内服务外包产业升级效应则具有全新的含义。国内价值链是指从产品的研发、金融服务、设计、关键零部件的制造、一般零部件的制造、加工组装、物流、分销渠道、品牌等整个价值链全部或者大部分由国内企业分工完成。我国通过国内服务外包构建国内价值链，具有明显带动产业升级的作用。通过国内服务外包构建国内价值链带动产业升级，主要是利用国内制造业的市场规模、国内市场需求和市场容量以及市场需求的不平衡等方面，利用国内服务外包构建国内价值链，中西部地区在承接东部地区产业转移的基础上，着力发展加工制造业，推动与之配套的设备制造、原材料深加工等相关产业发展，形成完整的产业体系，实现产业结构优化升级。然而，东部地区则在服务外包和产业转移的基础上，集中发展高端的研究开发、设计、生产加工、营销、品牌发展等环节和产业，实现向全球价值链高端的攀升和部门间升级。巨大且快速成长的国内制造业市场规模可以容纳更多不同的价值链，为专业化市场的形成提供了有利条件。同时根据垄断竞争模型的特点，市场容量的扩张为企业创建自主品牌提供了基础，使本土企业可以在更广阔的产品空间内避免与跨国公司的强势品牌进行直接竞争，从而有利于本土价值链领导型企业的形成与发展。因此，利用国内服务外包构建国内价值链实现产业升级就成为我国的一个战略选择。

那么，国际服务外包与国内服务外包的产业升级效应之间是否是孤立的？两者之间是否存在某种关系？国际服务外包和国内服务外包的关系，可以从各自隶属的价值链类型来分析。从全球价值链和国内价值链的关系来看，全球价值链水平的提升反而降低了国内价值链的水平，两者之间存在替代关系。同时利用国内价值链在技术水平和市场份额两方面的双重追赶，充分发挥内部循环效应和规模经济效应，能够推动自身在全球价值链中的升级（张少军，2013）。因此，由于国际服务外包根植于全球价值链，国内服务外包根植于国内价值链，全球价值链与国内价值链的替代、互补和强化关系，能够产生国内服务外包对国际服务外包替代和竞争吸引关系。

既然国内服务外包对国际服务外包存在替代、竞争和吸引关系，我国承接国际服务外包又受到国外发达国家的压制，以及承接国际服务外包处于低端层次和存在一些问题的情形下，那么利用国内价值链，通过培育国内服务外包对国际服务外包进行替代和吸引，就成为我国产业升级的关键。东部沿海地区如果向全球价值链中附加值高的环节攀升，就会与发达国家产生直接的利益冲突，发达国家必然会利用自身的市场势力对东部沿海地区进行纵向压榨和低端锁定。为此，东部沿海地区应该充分利用我国广阔内陆腹地形成的产业梯度和国内市场，通过国内服务外包延长全球价值链在国内的环节来发展国内价值链，将竞争模式从环节对链条转变为链条对链条。从实际情况来看，我国东部沿海地区在改革开放中形成的全球价值链很有特色，即作为产业升级主体的东部沿海地区的本土企业在加入全球价值链的同时，也加入了国内价值链，同时还是地方产业集群中的成员。尽管国内价值链与全球价值链在对本土企业关于产品和服务的各种标准和参数之间存在差距，但是这个差距在我国加入全球化程度不断深化、国内市场规模不断成长和市场偏好日趋多样的过程中可能会不断缩小。这样，我国本土企业可借助自身在全球价值链中积累的弹性生产、工程能力、规模制造和物流运筹等方面形成的"在位优势"，再结合文化认同、血脉相连、环境熟悉等"本土优势"，发挥自身的大国效应来实现国内服务外包，构建国内价值链。一些发展中国家的升级经验表明，凭借国内市场发育而成长，然后进入区域性和全球市场的本土企业，往往在全球价值链中会表现出较强的功能升级与部门间升级的能力（Schmitz，2004）。这些条件和优势为国内服务外包的培育提供了便利，所以产业升级需要更多地通过培育国内服务外包构建国内价值链，通过国内服务外包替代国际服务外包和吸引更高层次的国际服务外包。

鉴于以上的分析，本书首先构建了测度服务外包和产业升级的指标，利用我国的宏观统计数据着重研究服务外包和产业升级的趋势是什么，两者之间存在怎样的关系。其次，从数理模型上研究价值链下承接服务外包带来怎样的产业升级的效应及存在的不足，具体分开研究国际服务外包的产业升级理论命题和国内服务外包的产业升级理论命题，探讨两种服务外包模式的产业升级效应在理论分析下是否具有不一样的内容。再次，利用我国的多年统计数据，实证检验国际服务外包和国内服务外包产业升级效应的理论命题，以期得到更加科学和符合实际的服务外包的产业升级效应。最后，研究国内服务外包与国际服务外包之间是否存在关系，国内服务外包对国际服务外包是否存在替代，如果存在我们又该采取怎样的措施来通过服务外包加快我国的产业升级。本书主要从这四个方面来阐述和研究我国承接国际服务外包陷阱的产生机理及跨越，希望通过本书的研究能够提出相关政策建议，为我国后续的产业升级提供有用的帮助。

第二节 研究的意义

一、理论意义

我国承接国际服务外包的理论研究主要是针对承接国际服务外包的有利效应，没有就不同类型价值链（国内价值链和全球价值链）下承接不同类型服务外包（国际服务外包和国内服务外包）的效应形成相关理论。因此，本书的学术价值在于：

（1）提出承接服务外包的测度方法，并区分了国际服务外包与国内服务外包。

（2）提出国内价值链下承接国内服务外包效应的理论框架。

（3）提出价值链视角下承接国际服务外包与国内服务外包关系的理论模型。

二、现实意义

随着国际分工方式趋于多元化，我国承包企业的成本比较优势受到挤压，内在劣势逐渐显现，继续凭借传统劳动力要素禀赋优势进行竞争将面临更大挑战，金融危机对承包企业落入国际服务外包陷阱的倒逼机制进一步提示承包企业应当提前规避和跨越这一陷阱。另外，我国劳动力等要素成本增加，人口红利优势逐渐丧失，承接外包活动已经进入新的阶段。在外包过程中我国在较长时间内依靠劳动力优势较轻松获得了一定利润，然而许多承包企业缺乏锐意进取构建核心技术能力的动力，高制造能力、低创新能力影响了企业向更高层次的产业转移和获得更多分工利益，面临落入国际外包陷阱风险。为此，本书的应用价值在于：

（1）本书对我国承包企业制定企业战略具有一定的借鉴意义。

（2）本书对我国制定承接国际服务外包相关政策提供决策参考。

第三节 基本思路与研究方法

一、基本思路

本书以国家"十三五"规划中的产业结构升级为指导方针，以价值链为切入点研究承接服务外包的陷阱产生机理，并从承接国内服务外包的角度提出跨越服务外包陷阱的方法。本书首先提出了承接服务外包的度量方法，并分开提出了度量承接国际服务外包与国内服务外包水平的度量方法，同时也就如何度量价值链下的承接服务外包的效应，即产业升级效应提出具体计算公式，并利用我国的统计数据研究了 2009～2018 年 24 个行业的承接国际服务外包和国内服务外包的水平，同时也计算了我国服务外包的效应产业升级的水平，并就承接服务外包与产业升级之间统计数据上体现出的关系做了简要分析。为了更好地理解价值链下承接服务外包与服务外包的效应产业升级之间的关系，本书通过建立数理分析模型，从数理推导上得出价值链下承接国际服务外包陷阱的理论定理。在得到理论命题之后以此为基础得出了研究假设，并利用我国 2009～2018 年 24 个行业的面板数据对假设进行了实证分析。在此基础上从理论和实证两个方面分析全球价值链下承接国际服务外包与国内价值链下承接国内服务外包的关系，得到国内服务外包对国际服务外包的替代关系。最后，在产业结构转向价值链中高端的视角下提出跨越承接国际服务外包陷阱的政策建议。

二、研究方法

（1）辩证分析法。所谓辩证分析法，就是遵循马克思唯物辩证法的思维方式，坚持用联系的观点、发展的观点、全面的观点，按照客观事物自身的运动和发展规律来认识事物的一种分析方法。其主要包括矛盾分析法、个别与一般分析法、现象与本质分析法，其中矛盾分析法即对立统一分析方法是核心。国际服务外包一方面有利于升级，另一方面又制约着升级。国际服务外包与国内服务外包、全球价值链与国内价值链等都是一对相互对立的矛盾，应该如何协调这对矛盾之间的关系呢？显然，我们必须采用辩证的思维方式来进行研究。因此，辩证分析法是贯穿本书的最基本方法。

（2）结构分析法与比较分析法。结构分析法是指对系统中各组成部分及其对比关系变动规律的分析。在经济学研究中，结构分析方法被认为是最常用的方法之一。在分析国内服务外包和国际服务外包关系及国内服务外包培育时，从价值链结构等多方面进行综合考察。所谓比较分析法，就是用来描述和确定事物或对象之间的相同点和不同点的方法。在本书第二章的研究中主要对服务外包发展做了比较研究。

（3）定性与定量分析相结合分析法。任何事物都有质的属性和量的属性两个方面，因而要全面理解事物，必须通过定性分析与定量分析这两种方法来实现。定性分析是确定研究对象是否具有某种性质的一种分析方法，主要解决"有没有""是不是"的问题。定量分析又称定量统计分析，主要是指通过运用统计数据对社会现象的数量特征、数量关系与数量变化进行分析的方法。在经济学研究中，定性分析与定量分析相结合的方法被普遍认为是最理想的方法。本书的核心部分基本是以定性分析方法为基础，并且根据数据搜集情况进行定量分析——统计描述或计量检验，以增强说服力。

第四节 研究内容

根据本书的研究思路以及要解决的问题，利用提出的研究方法，本书主要分为六章。

第一章绪论。主要是提出本书研究的问题以及研究的意义，同时对价值链下服务外包的产业升级效应的国内外相关研究进行梳理，找出本书研究的切入点并提出本书的研究对象；针对研究对象提出了本书的研究思路、研究方法和研究内容；最后针对本书的研究内容提出了文章可能的创新点。

第二章我国承接国际服务外包陷阱的产生机理：经验数据分析。本章主要通过现实中服务外包与承接服务外包产业升级效应的相关经验数据，来研究价值链下服务外包与承接服务外包产业升级效应的现状。本书首先介绍了价值链下对服务外包与承接服务外包产业升级效应的测度方法，并采用 Hummels 等（2001）提出的垂直专业化指数的方法来构建测度我国服务外包的计算公式。同时，在构建测度我国服务外包的计算公式时，创新性地区分了国际服务外包与国内服务外包的测度。其次，对产业升级的测度，主要以附加值表示的产业所处价值链位置为主要方法。最后，通过采用我国的 1997 年、2002 年和 2007 年投入产出表，UN Comtrade Database 提供的各国的分类产品出口数据以及我国各年的《中国统计年鉴》所提供的数据，并结合提出的对服务外包水平与承接服务外包产业升级效应的测度方法，对我国 24 个制造业行业的服务外包与产业升级的现状进行了研究。

第三章我国承接国际服务外包陷阱的产生机理：价值链视角下的理论分析。本章通过构建理论模型分析了价值链分工下，承接国际服务外包陷阱的产生机理。首先通过构建模型分析的经济背景来直观介绍模型所处的经济环境，并设立相关假设条件。在一定假设的基础上，构建价值链分工下服务外包对发包产业升级效应的理论模型，并在劳动力要素价格发生变化和没有发生变化的情况下，利用模型进行分析得出了价值链分工下承接国际服务外包陷阱的产生机理。

第四章我国承接国际服务外包陷阱的产生机理：价值链视角下的实证分析。本章希望进一步从实证分析的角度探究承接国际服务外包陷阱的产生机理，并利用统计数据结合计量分析方法，对第三章中通过数理模型分析得出的结论进行实证检验。具体要通过依据第三章数理模型分析得出承接国际服务外包陷阱的产生机理的理论假设，包括三个方面的假设，即承接国际服务外包产业升级效应的理论假设、承接国内服务外包产业升级效应理论假设和承接服务外包产业升级机制的理论假设。然后，利用我国的统计数据，运用计量分析方法对相关理论假设进行验证。

第五章承接国际服务外包陷阱的跨越：国内服务外包的视角。通过前面的分析我们认为，在全球价值链下的国际服务外包与在国内价值链下的国内服务外包之间是否存在互动关系，国内服务外包能否成功替代国际服务外包，是我国承接国际服务外包陷阱的跨越关键。因此，本章首先从理论模型分析国际服务外包与国内服务外包的关系，通过三个博弈过程的均衡分析，我们认为国际服务外包与国内服务外包之间存在相互的替代关系，同时国际服务外包与国内服务外包都受到相关外生因素的影响。得到理论定理之后，在本章中紧接着通过构建结构方程模型，对国际服务外包与国内服务外包之间的替代关系以及国际服务外包与国内服务外包的影响因素进行了实证分析，通过实证分析我们认为，国际服务外包对国内服务外包存在替代效应，同时国内服务外包也对国际服务外包存在替代效应；政策支持和人力资本仍然能够促进服务外包的发展，而产业规模的影响是不显著的。就承接国际服务外包来说，技术差距仍然对承接国际服务外包有显著的促进作用。在承接国内服务外包方面，资源禀赋并不会带来承接国内服务外包水平的显著提升。

第六章承接国际服务外包陷阱的跨越：产业结构转向价值链中高端的视角。

通过前面章节的研究可以看到，价值链下承接服务外包的产业升级效应受到服务外包来源的影响。虽然承接国际服务外包与国内服务外包都能够带来产业升级效应，但是承接国际服务外包的产业升级效应受到承接服务外包企业的技术水平的影响，随着技术差距的缩小，承接国际服务外包带来的产业升级效应在不断下降。相反，承接国内服务外包就不会受承包方与发包方关系的影响，承接国内服务外包企业处于任何技术水平下都能带来产业升级效应，这种价值链下承接服务外包产业升级效应的关系无论从理论分析还是实证分析都得到了验证。基于此本书进一步通过理论和实证研究承接国际服务外包与国内服务外包的相互替代关系，研究发现国内服务外包对国际服务外包存在明显的替代关系。因此，基于以上的分析，在本章中产业结构转向价值链中高端的视角下提出跨越承接国际服务外包陷阱的政策建议。

第五节　重点难点、主要观点以及可能的创新之处

一、重点难点

（1）在国内价值链下国内服务外包效应研究。本书把服务外包分为国际服务外包和国内服务外包两个方面，全球价值链下的国际服务外包有较多研究成果，而国内价值链下国内服务外包效应研究相对较少。因此，国内价值链下国内服务外包产业升级效应分析是研究的重点和难点。

（2）国际服务外包与国内服务外包的关系研究。作为服务外包的两种形式，国际服务外包与国内服务外包的产业升级效应之间存在什么样的关系，明确关系是我国选择国内服务外包促进产业升级的关键。同时，在价值链的视角下研究国际服务外包与国内服务外包的关系也是一个难点。

（3）在国内价值链下国内服务外包的培育。本书最后落脚点是我国实际上要更多地在国内培养服务外包，以国内制造业的市场规模来培育服务外包，再来吸引或替代国际服务外包。因此，研究如何培育国内服务外包是本书的一个研究重点。

二、主要观点

（1）全球价值链下的承接国际服务外包产业升级效应随着承包方技术水平的提升在降低，并逐渐小于承接国际服务外包产业升级效应。

（2）随着承接国际服务外包的技术外溢和自主创新，技术水平不断提升，通过国内服务外包构建国内价值链是我国实现承接国际服务外包陷阱跨越的主要途径。

（3）国内服务外包和国际服务外包之间存在替代关系。

（4）通过培育国内服务外包来代替低水平的和吸引高水平的国际服务外包是我国服务外包的发展方向。

三、可能的创新之处

（1）服务外包效应分析：本书不仅研究普遍关注的国际服务外包产业升级效应，而且还分析了国内服务外包的产业升级效应，创新性地把服务外包效应分成了两个方面研究。

（2）基于价值链的视角：本书在分析承接国际服务外包陷阱时，都是在价值链的框架下进行的，尤其是国内服务外包的国内价值链构建视角。

（3）国际服务外包和国内服务外包效应关系的研究：分析了国内服务外包效应对国际服务外包效应之间存在的替代和吸引关系，研究认为其是跨越国际服务外包陷阱的关键，认为更多地要在国内培养生产性服务外包，以国内制造业的市场规模来培育生产性服务外包，再来吸引或替代国际生产性服务外包。

第二章　我国承接国际服务外包陷阱的产生机理：经验数据分析

随着经济全球化的不断发展，新兴经济体劳动力技术水平和国内基础设施的不断提高，新型通信技术的不断创新，都为服务外包发展提供了有利条件。根据联合国贸发会议的预测，世界市场中服务外包市场未来几年会以每年30%～40%的速度增长，而且外包的产业类型将不断细化。同时，根据 Gartner（美国信息产业咨询公司）的相关推算，到2018年世界市场中的服务外包规模能够达到300000亿美元，从而体现出了全球外包市场的发展潜力。随着2008年全球金融危机的发生及发达国家新一轮的制造业发展规划，我国改革开放40多年后产业将如何发展，"十三五"规划中明确把我国产业升级作为发展的主要内容，那么从价值链的视角来看我国目前的产业状况是怎么样的，承接国际服务外包之间是否具有某种联系，产业升级过程是否会成为承接国际服务外包的陷阱，本章中将进行经验数据的实证分析。

利用统计数据对承接服务外包和承接服务外包产业升级效应进行实证分析，关键是要有度量这两个内容的相关指标，国内外有许多测度服务外包和产业升级的指标，但是这些指标能不能适合我国的现实是一个问题，另外是否适合本书的研究视角又是另一个问题。因此，本章首先参考国内外有关服务外包和产业升级的指标，结合本书的研究视角提出测度服务外包和承接服务外包产业升级效应的具体指标；其次，利用构建的指标来实证分析我国承接服务外包和承接服务外包产业升级效应是否存在陷阱问题；最后，就两者之间的可能联系做出自己的分析。

第一节　服务外包与承接服务外包产业升级效应的测度方法

一、国际服务外包水平的测度方法

在国内外的文献中，对承接外包测度方法较多，主要集中在两个方向：一是从贸易的角度来测度外包水平，主要是直接采用一国加工贸易的数额作为衡量外包的指标；二是利用一国的投入产出表中的投入产出数据进行测度。由于本书研究承接服务外包的产业升级效应，而服务加工贸易数据基本不能获得，所以本书主要从第二个角度，即从投入产出的角度衡量服务外包水平。从投入产出的角度衡量外包水平的指标目前也有不少，具体有：IITI（进口中间投入占总投入的比重）、IIGO（进口中间投入占总产出比重）、IITM（进口中间投入占总进口比重）以及垂直专业化指数。这四个从投入产出的角度对外包进行测度的指标具体比较如表 2 - 1 所示。

表 2 - 1　投入产出角度外包测度指标的比较

指标	计算方式	经济意义	测度角度
IITI	进口中间投入占总投入的比重	反映我国利用国外资源用于总体生产的程度	发包方
IIGO	进口中间投入占总产出比重	反映我国利用国外资源用于总体生产的程度	发包方

续表

指标	计算方式	经济意义	测度角度
IITM	进口中间投入占总进口比重	反映我国利用国外资源占总进口的程度	发包方
垂直专业化指数	进口的中间产品用于生产出口的那部分价值占该部门出口的比例	反映我国资源用于国外市场的程度	承接方

资料来源：杨文芳（2010）。

在研究我国外包的相关文献中，测度我国外包水平时采用的方法也是以投入产出类的方法为主，如宗毅君（2008）和文根伟（2009）都采用 Hummels 等（2001）的垂直专业化指数方法测度了我国制造业外包水平。IITI 指标也是经常采用的指标，如徐毅和张二震（2008）、唐玲（2009）等。以上用来测度我国外包水平的方法中，Feenstra 和 Hanson 提出 IITI 指标方法被广泛用来测度外包水平，并且这种方法与 WTO 有关外包的定义是相符的，但还是有许多学者提出了质疑。Girma 和 Görg（2004）认为这种测度外包的方法太过笼统，特别是在产业层面上。Egger 和 Egger（2001）、Helg 和 Tajoli（2004）使用了一种更加具体的计算外包的方法，他们仅把外包界定在外包加工进口中间品的环节上。

本书研究我国承接服务外包的产业升级效应，因此从承接方的角度测度我国服务外包水平是本书的主旨。所以，采用 Hummels 等（2001）利用垂直专业化指数的方法，来构建测度我国服务外包的计算公式。Hummels 等（2001）提出了两个度量垂直专业化的指标，一个是从绝对值的角度，另一个是从相对值的角度，而本书主要从相对值的角度来构建测度我国服务外包的计算公式。Hummels 等（2001）提出的从相对值的角度计算外包的公式如式（2-1）所示：

$$VSS_i = \frac{\left[\left(\dfrac{export_i}{production_i}\right)\right]\sum\limits_{j} input_{ij}}{export_i} = \frac{\sum\limits_{j} input_{ij}}{production_i} \qquad (2-1)$$

式（2-1）中，VSS_i 表示产业 i 承接国外外包的水平，$input_{ij}$ 表示产业 i 中投入进口的中间品 j 的数量，$export_i$ 表示产业 i 出口产品数量，$production_i$ 表示产业

i 总产出数值。

此外，可以对式（2-1）中 $input_{ij}$ 做进一步的界定，如果 $input_{ij}$ 表示的是物质等有形的中间进口投入，那么式（2-1）可以表示为承接国外物质外包水平；如果 $input_{ij}$ 表示的是服务等无形的中间进口投入，那么式（2-1）可以表示为承接国际服务外包水平。所以，通过对式（2-1）进行修改，得出本书对承接国际服务外包进行测度的公式：

$$OSS_i = \frac{\left[\left(\frac{export_i}{production_i}\right)\right]\sum_j service_{ij}}{export_i} = \frac{\sum_j service_{ij}}{production_i} \qquad (2-2)$$

式（2-2）中，OSS_i 表示产业 i 承接国际服务外包的水平，$service_{ij}$ 表示产业 i 中投入的进口中间服务 j 的数量，$export_i$ 表示产业 i 出口产品数量，$production_i$ 表示产业 i 总产出数值。在对 $service_{ij}$ 中中间服务 j 的产业进行界定时，Mary Amiti 和 Shang-Jin Wei 把式（2-2）中的服务投入 j 界定为九类服务部门：电信；银行和金融、保险和养老基金、辅助金融服务；机械租赁；计算机服务；研究开发；法律活动、会计服务、市场调研，管理咨询；建筑活动和技术咨询；广告；其他商业服务。考虑到我国产业发展和统计的特点，我国制造业承接服务外包的产业实际，以及文章研究承接服务外包的技术溢出产生产业升级效应。本书把计算中间服务投入的部门界定为六类：交通运输与仓储业、综合技术服务业、信息传输、计算机服务和软件业、批发与零售业、研究与试验发展业（樊秀峰、寇晓晶，2013）。

实际上 OSS_i 可以理解为 i 部门投入的进口中间服务用于生产提供出口的产值占 i 部门总出口值的比重。从式（2-2）的形式来看，OSS_i 的数值应该大于等于 0 而小于等于 1。OSS_i 的数值越靠近 1，承接国际服务外包水平越高。

二、适合我国的国际与国内服务外包测度方式

前文通过对 Hummels 等（2001）提出的测度外包的公式进行修改，得到的是承接国际服务外包的测度公式。实际上除了承接来自于国外的服务外包之外，制造业企业投入的中间品不一定都来自国外，中间投入也可能来自国内服务发包企业，即承接来自国内的服务外包。对我国承接国内服务外包水平进行测度的文献基本没有，还没有学者关注承接国内服务外包的效应，本书就试图找到一种能够合理测度承接国内服务外包的测度方法。具体还是以承接国际服务外包的测度方法为基础进行修改，以适合测度承接国内服务外包水平。实际上式（2-2）用来测度我国承接国际服务外包的水平还是有困难的，主要是我国投入产出表中并没有区分哪些投入来自于国外进口，哪些来自于国内生产部分，即式（2-2）中的 $service_{ij}$ 数据是无法直接得到的。因此，只要能够把投入产出表中的中间服务投入中，来自于国际的部分和来自于国内的部分区分开来，就可以得出用来测度国际服务外包和国内服务外包水平。

已有的国内外文献中 Mary Amiti 和 Shang-Jin Wei（2006）、盛斌（2008）确定中间投入中国内外部分占比时，通过直接将投入产出表中的中间投入按照国内来源和国际来源进行按比例分离，如具体比例 Mary Amiti 和 Shang-Jin Wei（2006）在文章中对中国总体产业中的平均国内和国际投入比来划分，具体数值为国内中间服务投入占 20.5%，国际中间服务投入占 79.5%。但是这种方法只能确定总体行业的单一国内外投入占比，为了能够客观地反映我国企业之间国内服务外包的现状，在设计对承接国内服务外包水平的测度时，要正确区分哪些投入是来自于国内部分。因此，本书拟对投入产出表的投入部分进行分离，以得出国内投入的部分。具体分离方法中假设产品中间投入中国内外的占比等于最终产品中国内生产与进口占比，因此本书提出一个用来度量中间投入中国际投入占比的计算公式，具体如下：

$$\lambda_j = \frac{imp_j}{production_j + imp_j - exp_j} \tag{2-3}$$

式（2-3）中，λ_j 表示中间服务投入 j 中国外中间投入与国内中间投入占比，imp_j 表示行业 j 中最终产品进口的数量，$production_j$ 表示行业 j 总产量，exp_j

表示行业 j 出口数量。

依据式（2-2）和式（2-3）的中间投入国内占比，可以得出本书用来计算适合我国数据特征的承接国际服务外包和国内服务外包的公式，具体如下：

$$EOSS_i = \frac{\sum\limits_j service_{ij}\lambda_j}{production_i} \qquad (2-4)$$

$$IOSS_i = \frac{\sum\limits_j service_{ij}(1-\lambda_j)}{production_i} \qquad (2-5)$$

在式（2-4）和式（2-5）中，$EOSS_i$ 表示行业 i 承接国际服务外包的水平，$IOSS_i$ 表示行业 i 承接国内服务外包的水平。$service_{ij}$ 不像式（2-2）中那样表示产业 i 中投入的进口中间服务 j 的数量，而是表示产业 i 中投入的所有中间服务 j 的数量，其他变量含义与式（2-2）相同。在本书后续的实证分析中，对我国承接国际服务外包与承接国内服务外包的水平，分别利用式（2-4）和式（2-5）来测度。

三、价值链视角下承接服务外包产业升级效应的测度

1985 年哈佛大学教授 Porter 提出从价值链分析产业竞争力思路后，Gereffi 等学者将价值链视角扩展到全球产业一体化的框架内形成全球价值链理论，考察产品在全球范围内，从产品概念设计到生产消费直到报废或回收的整个产品生命周期内所有创造价值的活动。全球价值链分工中的各个价值环节在形式上虽然仍可以视为一个连续的过程，但在全球化过程中把这一完整连续的价值链条分解为相应具有比较优势的国家和地区的分段设置和组合，在空间上离散性地分布于全球各地而完成共时运作。这样一种分工模式已经广泛地渗透到各开放国家内部结构体系，并深刻地影响产业素质和效率的提高。

20 世纪 90 年代，产品价值链分工模式的产业升级研究由 Gereffi 和 Korzeniewicz（1994）引入全球价值链的分析框架中，在对东亚服装产业案例研究中他

们发现，服装产业生产模式已从先前的生产地域一体化转化为产品的全球价值链分工方式。在服装产业生产分工方式变化的过程中，产业价值的分布结构也发生了改变，价值创造重心也逐步从生产转移到设计、品牌、销售渠道等流通和设计领域，从实体环节转向虚拟环节。东亚国家和地区的服装产业在价值链上的升级路径，总体上呈现出由 OEM、ODM、OBM 循序升级的模式。沿着这一研究思路，Gereffi（1999）、Schmitz（2002）、Poon（2004）等对全球价值链分工模式的产业升级问题进行了卓有成效的研究，提出了全球价值链分工的产业升级内涵及分类。其中，Krugman（1995）把价值链研究拓展到治理模式与产业空间转移分析，极大地推进了全球价值链分工的产业发展问题研究。当然，至今全球价值链的产业升级研究仍没有完全统一。产业升级内涵一般应认为从宏观层面、中观层面与微观层面分别解释。在宏观层面，Porter（1990）认为，产业升级是指一国高素质人力和物力资本相对于廉价劳动力和其他的资源禀赋更加富足时，继而转向发展更具比较优势的资本和技术密集型产业。在中观、微观的层面上，Poon（2004）认为，产业升级是制造商成功地从生产劳动密集型的低附加值产品或价值链环节向更高价值的资本或技术密集型产品或价值链环节持续转移的过程。虽然研究视角有所差异，但无论是宏观层面产业升级，还是中微观层面产业升级，它们有着共同的内涵，即产业由低技术、低附加值状态向高技术、高附加值状态动态演进的过程。由于文章在价值链视角下研究产业升级，因此本书研究的产业升级界定为产业在价值链下由低附加值状态向高附加值状态的转变，所以文章在价值链视角下测度产业升级，主要以附加值表示的产业所处价值链位置为主要方法。

李强和郑江淮（2013）对价值链位置的测度研究认为，从价值链下附加值角度反映一国产业所处价值链的位置的指标有很多，如 Hausmann 等（2007）提出的出口复杂度被很多学者采用。技术是决定出口复杂度的最重要因素，高收入国家的先进技术水平通常是其竞争力的主要源泉。他所说的技术不仅包括以研究和开发（R&D）为基础的产品创新或生产工序创新，还包括有效利用技术进行生产的能力，以及通过改进技术实现规模经济、有效组织供给或选择有效的供给链的能力。因此，出口复杂度是出口产品技术特征的一个反映，出口复杂度越高，则出口产品技术含量越高，在整个价值链中越处于高端位置，所以我们认为一国在价值链中的地位可以通过出口复杂度来反映。因此，本书借鉴 Hausmann 等（2007）以及姚博和魏玮（2012）的做法采用行业的出口复杂度度量国家在价值链中的位置，具体计算公式为：

$$PRODY_k = \sum_j \frac{x_{jk}/X_j}{\sum_j x_{jk}/x_j} Y_j \qquad (2-6)$$

$$ESI_{ji} = \sum_k \frac{x_{jk}}{X_{ji}} PRODY_k \qquad (2-7)$$

其中，$PRODY$ 和 ESI 分别表示产品和行业的出口复杂度，k 表示产品，j 表示国家或地区，i 表示产业，x_{jk} 表示 j 国 k 产品的出口值。X_j 表示 j 国所有产品的出口值。

第二节　世界服务外包的发展现状

从世界整体服务外包发展来看，体现出了一种两极化的发展趋势。发达国家基本上以服务发包为主，而发展中国家（除了印度）还是以承接来自发达国家的服务外包为主。但是不论是发达国家还是发展中国家，全球范围内从国家层面上来看，无论是服务发包还是承接服务外包整体水平都是偏低的。IMF International Trade Data 的数据显示，1993 年美国的国际服务外包（包括离岸服务外包和在岸服务外包）占 GDP 的比重为：从 1983 年的 0.1% 上升到 0.2%，2003 年上升到 0.4%，在 2008 年达到 0.9%。虽然比重还是比较低的，但是增长速度很快。目前，世界上服务外包（包括离岸服务外包和在岸服务外包）占 GDP 的比重最大的为英国，1993 年英国的服务外包占 GDP 的比重为 0.7%，相比 1983 年的 1.9% 略有下降，但 2003 年上升到 1.2%，在 2008 年达到 1.5%。

如果单从离岸服务外包，即作为服务发包者来看，发达国家的服务发包基本上一直处于增长态势。以英国为例，如图 2 - 1 所示，英国 2009 ~ 2018 年制造业离岸服务外包的水平（离岸服务外包占总投入的比重）整体上是上升的，从 2009 年的 3.56% 上升到 2018 年的 5.60%，但是中间也出现了短暂的下降，进入 2017 年后增长开始放缓。

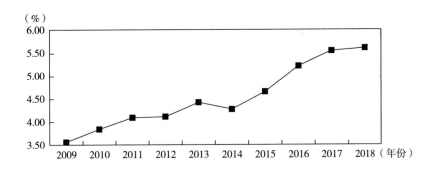

图 2 - 1　英国离岸服务外包水平变化趋势

资料来源：作者根据 Amiti 和 Wei（2011）的数据整理得到。

从离岸服务外包的绝对数值上来看，美国是世界上离岸服务外包数额最大的国家，而且从具体产业来看发达国家的离岸服务外包并不是技术类的服务外包，主要是集中在信息服务外包和商业服务外包两个方面。IMF Balance of Payments Yearbook（2018）的有关世界主要国家的 2016 年的离岸服务外包数据显示（见表 2 - 2），就商业服务离岸外包来看，美国是最多的（40.929 亿美元），其次是德国（39.113 亿美元），随后是与贸易发展水平形似的国家，如日本和荷兰等，而中国和印度两个主要的经济与贸易大国商业服务离岸外包水平较低，印度为 11.817 亿美元排第 11 位，中国 7.957 亿美元排第 18 位。信息离岸服务外包的情形差不多，数额排在前面的仍然是发达国家，中国在信息离岸服务外包上仍然还是比较落后的。

表 2-2　2016 年不同国家的离岸服务外包数额　　　单位：百万美元

排位	国家	商业服务离岸外包	排位	国家	信息服务离岸外包
1	美国	40929	1	德国	6124
2	德国	39113	2	英国	2602
3	日本	24714	3	日本	2148
4	荷兰	21038	4	荷兰	1586
5	意大利	20370	5	西班牙	1572
6	法国	19111	6	美国	1547
9	英国	16184	9	法国	1150
11	印度	11817	10	中国	1133
18	中国	7957	14	俄罗斯	592
20	俄罗斯	4583			

资料来源：作者根据 Amiti 和 Wei（2018）的数据整理得到。

当然任何国家在进行离岸服务外包时也承接服务外包的，发达国家也不例外。是不是与离岸服务外包一样，也是发达国家承接较多的服务外包？可能很多人会认为像承接制造业外包一样，发展中国家也该是承接服务外包比较多的国家。然而实际上恰好相反，承接服务外包较多的仍然是发达国家。IMF Balance of Payments Yearbook（2018）的有关世界主要国家的 2016 年承接服务外包数据显示，承接服务外包最多的国家还是美国，2016 年为 59 亿美元，其次是英国的 37 亿美元、德国的 28 亿美元以及法国的 21 亿美元。在发展中国家中承接服务外包最多的为印度，2016 年为 18.6 亿美元，而中国只排在第 14 位，2016 年为 10 亿美元。因此，从总体上来看虽然印度承接服务外包水平能够排到世界第 6 位，但是其前面全都是发达国家，这说明承接服务外包还是以发达国家为主。结合离岸服务外包来看，服务外包还是主要发生在发达国家之间，印度只是凭借其以英语为主要语言的优势承接来自发达国家的一些低层次的服务外包。究其原因：一方面是由于发展中国家的服务业发展滞后，无法满足发达国家对高级服务的需求；另一方面也是发达国家为了发展技术外溢，对发展中国家相关高级服务外包进行限制造成的。

　　同时考虑各国服务发包与服务外包，即离岸服务外包与在岸服务外包的情形下，具体发展趋势如图 2 - 2 所示。从图 2 - 2 可以看出，发达国家的离岸服务外包和在岸服务外包整体水平要远超过发展中国家。从两者的平衡角度来说，英国和美国是世界上两者差距最大的国家，两者都是在岸服务外包都大于其离岸服务外包。这可能出乎很多人的意外，认为发达国家应该主要以服务发包为主，而实际上发达国家之间的在岸服务外包数额也是非常大的，而发达国家的服务发包主要是以向发展中国家低层次的服务发包为主。在发达国家中德国和英国情形比较特殊，德国是发达国家中为数不多的离岸服务外包超过在岸服务外包的国家，也即德国对外服务发包超过承接的服务外包，笔者认为主要原因是德国的产业结构主要是以高端制造业为主，很多制造业所需的高端服务投入都是从国外发达国家，尤其是欧美国家外包得到的。法国是另一种情形，2009 年时法国的在岸服务外包与离岸服务外包水平基本持平，而且根据 Amiti 和 Wei（2011）的研究发现，法国的在岸服务外包与离岸服务外包水平的均衡结果与法国的经济发展增长趋势基本相似。发展中国家比较有代表性的是中国和印度，在岸服务外包与离岸服务外包水平整体偏低，从两者的均衡来看，都只是到了 2004 年之后在岸服务外包才超过离岸服务外包水平，但是两个国家在具体表现上又存在一定的差距。例如，印度在岸服务外包与离岸服务外包水平在早期基本上保持一致，从 2004 年开始在岸服务外包超过离岸服务外包，并且差距不断扩大。中国在岸服务外包与离岸服务外包水平相对波动较大，但在 2004 年以后还是基本上保持在岸服务外包超过离岸服务外包的水平。

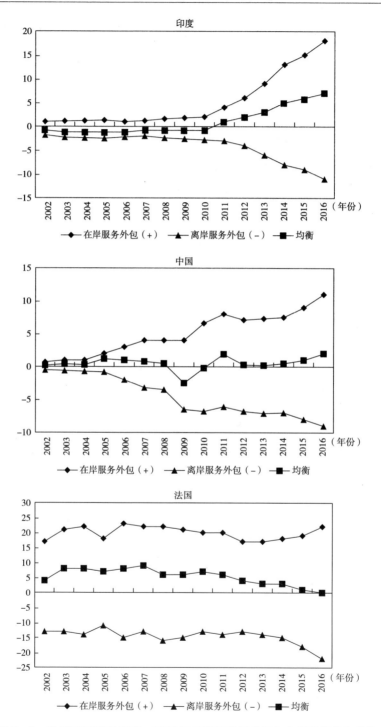

图 2-2 世界不同国家 2002~2016 年的离岸服务外包与在岸服务外包趋势

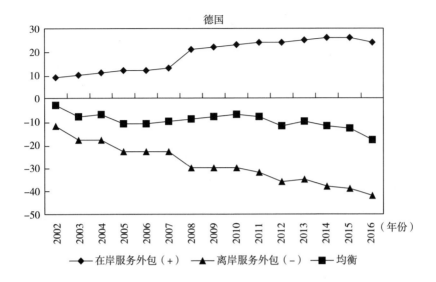

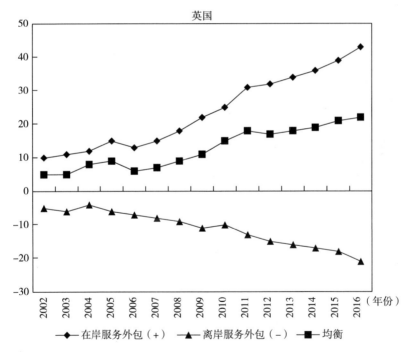

图 2 - 2 世界不同国家 2002 ~ 2016 年的离岸服务外包与在岸服务外包趋势（续）

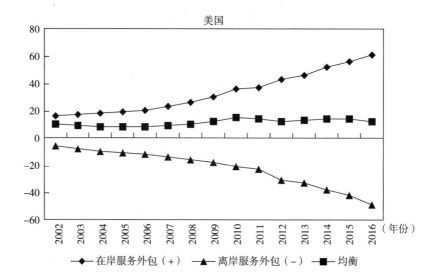

图 2 - 2　世界不同国家 2002 ~ 2016 年的离岸服务外包与在岸服务外包趋势（续）

资料来源：作者根据 Amiti 和 Wei（2018）的数据整理得到。

第三节　中国承接服务外包的发展现状

利用本章提出的计算服务外包的式（2 - 4）和式（2 - 5）来计算我国承接来自国外和国内的服务外包水平。具体数据为 2002 ~ 2018 年的《中国统计年鉴》和 2002 年、2007 年与 2012 年的中国投入产出表以及 UN Comtrade Database 数据库。在制造业部门的选取上，本书拟选取 24 个主要的制造业行业，具体选择方法主要参照我国《国民经济行业分类》（GB/T4754—2002）标准，同时参考李强和郑江淮（2013）对产业的归类方法。为了保证 2002 年、2007 年与 2012 年投入产出表中产业的延续性，对相关产业进行了删除与合并，例如，在 2002 年中的投入产出表中剔除了废品废料回收加工业、工艺美术品制造业和其他制造业，在 2007 年的投入产出表中剔除了废品废料回收加工业、工艺美术品制造业和其他工业，在 2012 年的投入产出表中剔除了废旧材料回收加工业、工艺品及其他制造业以及废弃资源行业。同时对一些行业进行了合并与归类并统一名称，如把食品制造业与农副食品加工业统一归并到新的食品加工和制造业下面；所有投入产出表中的锯材加工及人造板制造业，家具制造业以及木材加工及木、竹、藤、棕、草制品业全部都归类到新的木材加工及家具制造业里面。具体形成的行业类别如表 2 - 3 所示。

表 2 - 3　行业分类名称

序号	行业类别
1	食品加工制造业
2	饮料制造业
3	烟草制品业
4	纺织业
5	纺织服装、鞋、帽制造业
6	皮革、毛皮、羽毛（绒）及其制品业
7	木材加工及木、竹、藤、棕草制品业
8	家具制造业
9	造纸及纸制品业
10	印刷业和记录媒介的复制
11	文教体育用品制造业
12	石油加工、炼焦及核燃料加工业
13	化学原料及化学制品制造业
14	医药制造业
15	化学纤维制造业
16	黑色金属冶炼及压延加工业
17	有色金属冶炼及压延加工业
18	金属制品业
19	通用设备制造业
20	专用设备制造业
21	交通运输设备制造业

序号	行业类别
22	电气机械及器材制造业
23	通信设备、计算机及其他电子设备制造业
24	仪器仪表及文化、办公用机械制造业

资料来源：李强和郑江淮（2013）。

在对数据进行处理时，由于中国投入产出表编制的特殊性，使目前我国只有 2007 年、2012 年与 2017 年三年的投入产出表，使 2007~2018 年出现了数据的不连续性，部分年限的投入产出数据缺失。因此，本书考虑采用北京大学中国经济研究中心（2006）和唐玲（2009）的做法，假定在每张投入产出表空出的年份里面投入产出矩阵不变。具体来说就是用 2007 年的投入产出表表示 2008~2011 年的投入产出矩阵，用 2012 年的投入产出表表示 2012~2016 年的投入产出矩阵。投入产出矩阵计算投入产出数值时，各投入产出行业的产值数据来源于各年的《中国统计年鉴》，具体以 2007 年和 2012 年的投入产出表中的产业产值为基础，结合每年的各产值的增长率来计算剩余年限的投入产出数据。同时为了减少偏差，具体产业的增长率用 GDP 的年增长率来表示，具体各年的中间服务投入见本书附录1。具体各产业的进出口数据来自 UN Comtrade Database 提供的各国家的分类产品出口数据。

一、我国制造业中间服务投入现状

我国服务业相比国外发达国家整体落后，尤其是现代服务业。世界银行数据显示，2009 年发达国家如美国、日本、英国、德国、法国的服务业增加值占 GDP 比重分别为 77%、71%、78%、73% 和 79%，与中国同属金砖国家的巴西、俄罗斯和印度这一比重分别为 69%、62% 和 55%。我国服务业增加值占 GDP 比重远比发达国家及同等发展水平国家低，显示出我国服务业发展有较大提升空间（郑江淮，2011）。服务业的相对滞后使我国制造业中整体服务投入水平偏低，通过分析我国制造业承接五种主要中间服务投入来看（见图2-3），我国虽然整体承接服务投入呈上升趋势，但是与物质投入相比还是偏低的（唐玲，2009）。我国承接物质外包多而服务外包少的中间投入结构，与我国的产业发展现状是相符合的。我国目前的制造业投入主要是集中于价值链中的低附加值环节，这种工序生产模式使我国制造业投入包含服务较少的零部件生产、原材料生产及工序组装，而相对很少介入附加值较高的营销、设计与研发等环节。

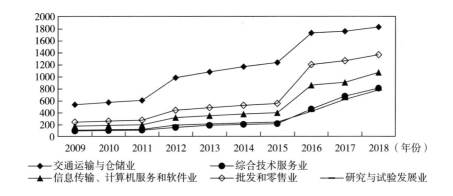

图2-3　2009~2018年我国制造业五种中间服务投入趋势

资料来源：作者根据书中计算方法，由我国投入产出表计算所得。

从不同时间点来看，我国制造业产业承接中间服务投入在2015年之前增长缓慢，到2015年之后出现了一个快速增长的阶段。主要是由于2015年金融危机使我国以加工贸易为主的产业发展模式出现不可持续性，同时政策导向也促使企业通过承接服务外包实现产业转型与价值链攀升，这些国内外环境的变化使2015年之后出现了一个快速增长的状态。

从具体服务外包的行业来看，我国制造业投入的中间服务外包行业还是以技术溢出效应较少的服务行业为主，从图2-3可以看到，在这五类服务行业中制造业投入最多的是交通运输与仓储业，而相对技术水平较高的综合技术服务业和研究与试验发展业投入相对较少。但是从各类服务投入的增长速度来看，交通运输与仓储业的增长速度相对较低,尤其是进入 2008 年以后基本上没有太大的变化,而技术水平高的服务投入增长速度较快,如综合技术服务业和研究与试验发展业,在 2008 年后都经历了快速增长。这种服务投入结构一方面是和我国制造业的产业发展模式相关的,我国以代工为主的产业结构使企业对运输类的中间服务需求较高而技术类的需求不足。另一方面,在 2008 年以前国内高技术水平服务业发展滞后和国际高技术水平服务外包限制也导致了对技术类中间服务的需求无法满足。2008 年以后国内高技术水平服务的发展,以及国外的技术类服务外包的增长,都是 2008 年后技术类中间服务投入增长的原因。

参照李强和郑江淮(2013)的成果,把 24 个行业分为劳动密集型产业、资本密集型产业和技术密集型产业三大类①,分析这三类产业 2009~2018 年的变化曲线,具体如图 2-4 所示。从不同要素密集度制造业类型投入的中间服务来看,

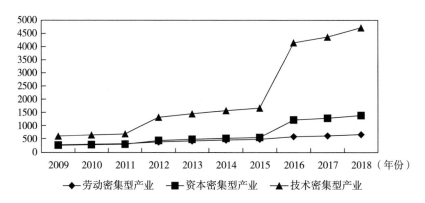

图 2-4 2009~2018 年我国不同类型制造业中间服务投入趋势

资料来源:作者根据书中计算方法,由我国投入产出表计算所得。

---

① 劳动密集型产业:食品加工制造业,饮料制造业,烟草制品业,纺织业,纺织服装、鞋、帽制造业,皮革、毛皮、羽毛(绒)及其制品业,木材加工及木、竹、藤、棕草制品业,家具制造业,造纸及纸制品业,印刷业和记录媒介的复制,文教体育用品制造业。资本密集型产业:石油加工、炼焦及核燃料加工业,化学原料及化学制品制造业,医药制造业,化学纤维制造业,黑色金属冶炼及压延加工业,有色金属冶炼及压延加工业,金属制品业。技术密集型产业:通用设备制造业,专用设备制造业,交通运输设备制造业,电气机械及器材制造业,通信设备、计算机及其他电子设备制造业,仪器仪表及文化、办公用机械制造业。

技术密集型制造业投入的中间服务水平最高，而且增长速度较快。相反，劳动密集型制造业中间服务投入水平较低，而且基本上没有发生变化。原因可能主要是我国劳动密集型产业主要是代工产业，不需要投入过多的中间服务。我国技术密集型制造业中间服务投入增长明显，主要是制造业转型升级和高技术制造业的发展导致的，特别是 2012 年我国提出促进创新发展以后，技术密集型产业中间服务投入增长更加明显。

二、承接国际服务外包的现状

根据式（2-4）的计算方法，利用前文所述的数据处理方式，在本部分中计算了我国 2009～2018 年 24 个行业承接国际服务外包的水平，具体如表 2-4 所示。从表 2-4 中可以看出，我国承接国际服务外包整体水平偏低。我国承接国际服务外包水平比较高的行业为电气机械及器材制造业，仪器仪表及文化、办公用机械制造业以及专用设备制造业等。例如，电气机械及器材制造业在 2018 年承接国际服务外包的水平达到了 0.5278，仪器仪表及文化、办公用机械制造业在 2018 年达到了 0.4172。这些行业承接服务外包水平比较高，主要是由于这一类行业我国是主要的出口国，而且主要是跨国公司在从事相关产业的经营，公司内贸易占的比重比较大，这些原因都使这类行业承接来自国外母公司较多的服务外包程序，尤其是技术类的服务外包。相比这类产业我国大部分的制造业承接国际服务外包水平整体还是偏低的，如饮料制造业最低在 2013 年也只有 0.012，大部分的产业承接服务外包的水平都没有超过 10% 即 0.1。这类行业主要是从事加工贸易出口代工型企业，从国外获取的主要是加工贸易的原材料，服务投入水平较低。

所有制造业 2009～2018 年承接国际服务外包总体水平如图 2-5 所示，从纵向上来看，2009～2018 年我国 24 个制造业行业整体承接国际服务外包的水平呈增长态势。大体上可以分为两个阶段，2008 年以前承接国际服务外包水平在波动中缓慢增长，到了 2008 年以后增长速度加快。这可能与 2008 年全球金融危机下我国产业结构调整以及吸引外资政策的调整，使来自国外价值链上的外包环节开始向服务领域转移有关。

表 2 - 4 　 2009 ~ 2018 年我国 24 个行业承接国际服务外包的水平

行业 ＼ 年份	2009	2010	2011	2012	2013	2014	2015	2016	2017	2018
食品加工制造业	0.0418	0.0409	0.0397	0.0407	0.0409	0.0419	0.0425	0.0433	0.0452	0.0476
饮料制造业	0.0023	0.0057	0.0073	0.0084	0.0120	0.0089	0.0076	0.0068	0.0059	0.0062
烟草制品业	0.0096	0.0070	0.0047	0.0031	0.0013	0.0018	0.0021	0.0016	0.0013	0.0017
纺织业	0.1112	0.1003	0.0881	0.0725	0.0571	0.0792	0.0858	0.1020	0.1290	0.1400
纺织服装、鞋、帽制造业	0.0700	0.0766	0.0715	0.0706	0.0673	0.0856	0.1110	0.1271	0.1420	0.1510
皮革、毛皮、羽毛（绒）及其制品业	0.1531	0.1303	0.1244	0.1125	0.0921	0.1364	0.1552	0.1765	0.1818	0.1905
木材加工及木、竹、藤、棕草制品业	0.0452	0.0379	0.0294	0.0202	0.0156	0.0171	0.0199	0.0243	0.0281	0.0265
家具制造业	0.0663	0.0621	0.0597	0.0582	0.0561	0.0542	0.0511	0.0595	0.0645	0.0696
造纸及纸制品业	0.1275	0.1307	0.1266	0.1198	0.1163	0.1244	0.1303	0.1378	0.1459	0.1506
印刷业和记录媒介的复制	0.0673	0.0602	0.0515	0.0394	0.0210	0.0277	0.0292	0.0245	0.0201	0.0215
文教体育用品制造业	0.0184	0.0479	0.0786	0.0911	0.1025	0.0808	0.0673	0.0567	0.0465	0.0414
石油加工、炼焦及核燃料加工业	0.0995	0.0907	0.0814	0.0752	0.0688	0.0662	0.0645	0.6230	0.0602	0.5780
化学原料及化学制品制造业	0.1687	0.1765	0.1823	0.1906	0.2012	0.2194	0.2276	0.2335	0.2400	0.2489
医药制造业	0.0169	0.0211	0.0297	0.0384	0.0426	0.0413	0.0393	0.0417	0.0434	0.0458
化学纤维制造业	0.0993	0.0807	0.0664	0.0429	0.0264	0.0398	0.0524	0.0766	0.0914	0.0945
黑色金属冶炼及压延加工业	0.0988	0.0819	0.0653	0.0554	0.0476	0.0499	0.0545	0.0732	0.0926	0.0967
有色金属冶炼及压延加工业	0.1090	0.0970	0.1010	0.1140	0.1160	0.1205	0.1287	0.1339	0.1426	0.1503
金属制品业	0.0348	0.0379	0.0396	0.0455	0.0477	0.0481	0.0473	0.0469	0.0464	0.0448
通用设备制造业	0.1960	0.2040	0.1913	0.1826	0.1712	0.1841	0.1977	0.2015	0.2189	0.2257
专用设备制造业	0.2256	0.2117	0.2004	0.1973	0.1850	0.1989	0.2184	0.2333	0.2532	0.2568
交通运输设备制造业	0.0855	0.0873	0.0862	0.0825	0.0842	0.0874	0.0893	0.0911	0.0974	0.1002

续表

年份 行业	2009	2010	2011	2012	2013	2014	2015	2016	2017	2018
电气机械及器材制造业	0.2053	0.2739	0.3408	0.4074	0.4832	0.4907	0.4991	0.5076	0.5142	0.5278
通信设备、计算机及其他 电子设备制造业	0.1406	0.1485	0.1527	0.1616	0.1664	0.1639	0.1584	0.1620	0.1675	0.1684
仪器仪表及文化、办公用 机械制造业	0.3677	0.3724	0.3551	0.3705	0.5186	0.3324	0.3748	0.3919	0.4053	0.4172

资料来源：作者根据书中计算方法，由我国投入产出表计算所得。

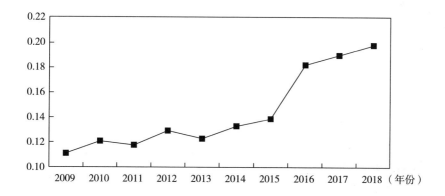

图 2 - 5　2009～2018 年我国 24 个行业承接国际服务外包整体水平变化趋势

资料来源：作者根据书中计算方法，由我国投入产出表计算所得。

从不同要素密集度制造业类型承接国际服务外包水平来看，具体如图 2 - 6 所示。从图 2 - 6 可以看出，不同要素密集制造业承接国际服务外包水平与不同类型的制造业承接中间服务水平相似，技术密集型制造业承接的国际服务外包水平最高，劳动密集型制造业承接的国际服务水平最低。从增长速度来看，也是技术密集型制造业增长速度最快，劳动密集型制造业基本上承接服务外包水平没有明显的变化。原因如前所述，还是由于我国是这一类行业主要的出口国，而且主要是跨国公司在从事相关产业的经营，公司内贸易占的比重比较大，这些原因都使这类行业承接来自国外母公司较多的服务外包程序，尤其是技术类的服务外包。我国劳动密集型产业主要是代工产业，不需要投入过多的中间服务。另外，2013 年我国提出促进技术创新发展以后，技术密集型产业引进国外的技术服务增长明显。

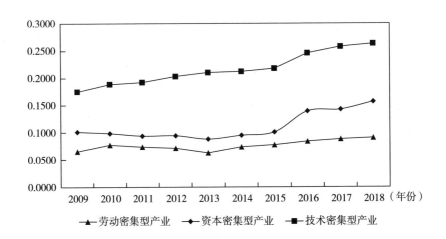

图 2 - 6　2009～2018 年我国不同类型制造业承接国际服务外包趋势

资料来源：作者根据书中计算方法，由我国投入产出表计算所得。

三、承接国内服务外包的现状

根据式（2 - 5）的计算方法，利用前文所述的数据处理方式，在本部分中计算了我国 2009～2018 年 24 个行业承接国内服务外包的水平，具体如表 2 - 5 所示。承接国内服务外包水平目前国内还没有学者系统测算过，本书首度系统测度我国承接国内服务外包的水平，以期得出有用的经验证据。

从我国承接国内服务外包的水平来看，相比来自承接国外的服务外包水平整体更加偏低。当然，一方面，像承接国际服务外包一样，由于我国产业构成特征决定了大多数制造业不需要太多的中间服务投入。另一方面，我国国内提供服务

表 2 - 5 2009～2018 年我国 24 个行业承接国内服务外包的水平

行业＼年份	2009	2010	2011	2012	2013	2014	2015	2016	2017	2018
食品加工制造业	0.0199	0.0202	0.0198	0.0204	0.0205	0.0214	0.0220	0.0227	0.0240	0.0255
饮料制造业	0.0011	0.0028	0.0036	0.0042	0.0060	0.0045	0.0039	0.0036	0.0031	0.0033
烟草制品业	0.0046	0.0035	0.0023	0.0016	0.0007	0.0009	0.0011	0.0008	0.0007	0.0009
纺织业	0.0528	0.0496	0.0439	0.0364	0.0287	0.0405	0.0445	0.0536	0.0686	0.0751
纺织服装、鞋、帽制造业	0.0332	0.0379	0.0357	0.0354	0.0338	0.0437	0.0575	0.0668	0.0755	0.0810
皮革、毛皮、羽毛（绒）及其制品业	0.0727	0.0644	0.0620	0.0565	0.0462	0.0697	0.0804	0.0927	0.0967	0.1022
木材加工及木、竹、藤、棕草制品业	0.0215	0.0187	0.0147	0.0101	0.0078	0.0087	0.0103	0.0128	0.0149	0.0142
家具制造业	0.0315	0.0307	0.0298	0.0292	0.0282	0.0277	0.0265	0.0313	0.0343	0.0373
造纸及纸制品业	0.0606	0.0646	0.0631	0.0601	0.0584	0.0636	0.0675	0.0724	0.0776	0.0808
印刷业和记录媒介的复制	0.0320	0.0298	0.0257	0.0198	0.0105	0.0142	0.0151	0.0129	0.0107	0.0116
文教体育用品制造业	0.0087	0.0237	0.0392	0.0457	0.0515	0.0413	0.0349	0.0298	0.0247	0.0222
石油加工、炼焦及核燃料加工业	0.0473	0.0448	0.0406	0.0377	0.0345	0.0338	0.0334	0.3272	0.0320	0.0310
化学原料及化学制品制造业	0.0801	0.0872	0.0909	0.0957	0.1010	0.1121	0.1180	0.1226	0.1276	0.1335
医药制造业	0.0080	0.0104	0.0148	0.0193	0.0214	0.0211	0.0204	0.0219	0.0231	0.0246
化学纤维制造业	0.0472	0.0399	0.0331	0.0215	0.0133	0.0203	0.0272	0.0402	0.0486	0.0507
黑色金属冶炼及压延加工业	0.0469	0.0405	0.0326	0.0278	0.0239	0.0255	0.0282	0.0384	0.0492	0.0519
有色金属冶炼及压延加工业	0.0518	0.0479	0.0504	0.0572	0.0582	0.0616	0.0667	0.0703	0.0758	0.0806
金属制品业	0.0165	0.0187	0.0197	0.0228	0.0240	0.0246	0.0245	0.0246	0.0247	0.0240
通用设备制造业	0.0931	0.1008	0.0954	0.0917	0.0860	0.0941	0.1025	0.1058	0.1164	0.1211
专用设备制造业	0.1071	0.1046	0.0999	0.0990	0.0929	0.1016	0.1132	0.1225	0.1346	0.1378
交通运输设备制造业	0.0406	0.0431	0.0430	0.0414	0.0423	0.0447	0.0463	0.0478	0.0518	0.0538
电气机械及器材制造业	0.0975	0.1354	0.1699	0.2045	0.2426	0.2508	0.2587	0.2666	0.2734	0.2832
通信设备、计算机及其他电子设备制造业	0.0668	0.0734	0.0761	0.0811	0.0836	0.0838	0.0821	0.0851	0.0891	0.0903

行业　　　　年份	2009	2010	2011	2012	2013	2014	2015	2016	2017	2018
仪器仪表及文化、办公用机械制造业	0.1746	0.1841	0.1771	0.1860	0.2604	0.1699	0.1943	0.2058	0.2155	0.2238

资料来源：作者根据书中计算方法，由我国投入产出表计算所得。

外包的水平，尤其是提供生产性服务外包的水平整体偏低，国内提供的服务外包不能满足制造业的需求，这两方面的原因决定了我国制造业承接来自国内的服务外包水平偏低。我国承接国内服务外包水平与承接国际服务外包水平相似，比较高的行业为电气机械及器材制造业，仪器仪表及文化、办公用机械制造业以及专用设备制造业等。例如，电气机械及器材制造业在 2018 年承接国内服务外包的水平达到了 0.2832，仪器仪表及文化、办公用机械制造业在 2018 年达到了 0.2238。这些行业承接服务外包水平比较高，主要是由于这一类行业是相对技术水平较高的行业，处于价值链的相对高端，对技术型服务外包的需求较多。相比这类产业我国大部分的制造业承接国内服务外包水平的整体还是偏低的，如烟草制造业在 2013 年和 2017 年都只有 0.0007，大部分的产业承接服务外包的水平都没有超过 10% 即 0.1。

2009~2018 年所有制造业的承接国内服务外包的总体水平如图 2-7 所示，从纵向上来看，2009~2018 年我国 24 个制造业行业整体承接国内服务外包的水平呈增长态势，大体上可以分为两个阶段，2015 年以前承接国内服务外包水平在波动中缓慢增长，到了 2015 年以后增长速度加快。

在 2015 年以前，我国制造业的发展是高投入和低附加值的发展方式，制造业对国内服务外包的感应度低，国内服务外包无法推动制造业转型升级，使国内制造业一直处于全球价值链的低端位置。2015 年我国产业结构调整，国家开始注重扶持服务业尤其是生产性服务业的发展，使来自国内价值链上的外包环节开始向服务领域转移。图 2-7 体现出的我国承接国内服务外包水平的变动趋势符合国家制造业升级的经验。"后工业社会"的发达国家已经经历了承接国内生产服务外包促进制造业升级的阶段，而转型期的发展中国家正经历着与发达国家相似的国内服务外包发展轨迹。发达国家经过承接国内服务外包快速增长之后达到了价值链"微笑曲线"的两端，而图2－7中体现出的我国制造业承接国内服务外包的趋势意味着伴随承接国内服务外包的快速发展，制造业也在积极地攀升价值链。

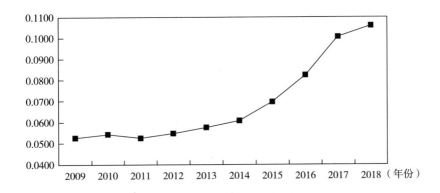

图2－7 2009～2018年我国24个行业承接国内服务外包整体水平变化趋势

资料来源：作者根据书中计算方法，由我国投入产出表计算所得。

不同要素密集度制造业类型承接国内服务外包水平（见图2－8）与承接国际服务外包相似，技术密集型制造业承接国内服务外包水平仍然是最高的，而劳动密集型制造业承接的国内服务水平同时也是最低的。从增长速度来看，也是技术密集型制造业增长速度最快，而劳动密集型制造业承接国内服务外包水平基本上没有明显的变化。原因如前所述，主要是由于我国劳动力密集型产业主要从事的是加工贸易，利用国外提供的原材料加工出口，只需要国内的低端服务外包，这种代工生产模式割裂了与国内服务的产业关联。我国许多技术密集型企业在国际上都具有较强的竞争力，注重技术水平的提升，而技术水平的提高需要更多的服务外包，如研发设计、营销等，所以承接的外包水平较高。

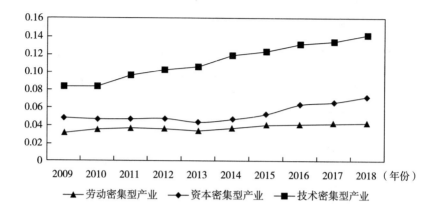

图 2 - 8　2009～2018 年我国不同类型制造业承接国内服务外包趋势

资料来源：作者根据书中计算方法，由我国投入产出表计算所得。

第四节　价值链视角下我国产业升级现状

利用上文中提出的价值链位置测度产业升级的计算方法，具体计算数据和程序采用李强和郑江淮（2013）的成果，在其具体计算方法和数据与其他学者一致，采用 UN Comtrade Database 提供的各国家的分类产品出口数据，计算 2009～2018 年的产品复杂度，各国人均 GDP 数据来自世界银行 WDI 数据库，采用 2002 年不变价计算，单位为美元，计算结果如表 2 - 6 所示。同时，为了更好地找出我国产业价值链位置的变化趋势，参照李强和郑江淮（2013）的成果，把 24 个行业分为劳动密集型产业、资本密集型产业和技术密集型产业三大类，分析这三类产业 2009～2018 年的变化曲线，具体如图 2 - 9 所示。

表 2 - 6　2009～2018 年我国 24 个制造业行业的价值链位置

行业 ＼ 年份	2009	2010	2011	2012	2013	2014	2015	2016	2017	2018
食品加工制造业	8.83	9.01	9.89	10.64	10.84	10.52	8.87	8.62	8.73	8.81
饮料制造业	4.40	4.41	4.35	4.32	5.43	5.87	5.50	5.27	5.29	5.44
烟草制品业	9.94	9.56	9.22	10.06	11.40	10.89	10.14	14.16	16.58	17.02
纺织业	6.81	6.88	6.97	7.04	7.06	7.14	6.97	6.88	6.92	7.11
纺织服装、鞋、帽制造业	4.62	4.60	4.68	4.76	4.82	4.83	5.79	5.80	6.05	6.23
皮革、毛皮、羽毛（绒）及其制品业	5.91	6.01	6.33	6.74	7.00	7.39	7.98	8.17	8.38	8.61
木材加工及木、竹、藤、棕草制品业	6.24	6.63	6.58	6.83	7.21	8.27	8.86	8.55	8.76	8.89
家具制造业	9.21	9.19	9.14	9.56	9.98	10.46	10.24	9.60	9.77	9.93
造纸及纸制品业	15.32	15.91	16.19	17.41	18.20	20.29	13.89	13.31	13.56	13.72
印刷业和记录媒介的复制	11.21	12.73	12.85	12.12	11.79	11.70	11.55	10.76	10.98	11.11
文教体育用品制造业	10.23	11.50	12.47	13.55	13.85	15.16	14.52	13.96	14.15	14.52
劳动密集型产业	8.43	8.77	8.97	9.37	9.78	10.23	9.48	9.55	9.92	10.13
石油加工、炼焦及核燃料加工业	5.15	4.63	4.27	6.12	7.58	7.10	10.95	9.06	9.86	10.04
化学原料及化学制品制造业	15.16	15.06	15.42	16.32	16.98	17.07	15.40	15.34	15.41	15.59
医药制造业	17.50	18.16	19.20	19.55	20.29	20.53	18.58	16.60	17.17	17.88
化学纤维制造业	8.89	7.77	8.86	9.94	10.16	10.49	10.33	9.22	9.79	10.26
黑色金属冶炼及压延加工业	12.98	12.53	12.47	13.42	14.23	15.26	14.61	14.17	14.73	15.04
有色金属冶炼及压延加工业	12.99	10.86	14.85	12.46	12.75	13.16	12.90	14.00	16.33	17.29
金属制品业	11.69	12.21	12.34	12.50	12.64	13.18	13.31	12.46	13.25	14.48
资本密集型产业	10.62	11.60	12.49	12.90	13.52	13.83	13.73	12.98	13.79	14.37
通用设备制造业	13.47	13.99	14.10	14.38	15.24	15.74	14.94	14.38	15.20	15.79
专用设备制造业	15.18	16.06	17.17	16.93	17.55	17.97	17.30	16.21	17.45	17.62
交通运输设备制造业	9.83	9.62	10.54	11.16	11.46	11.61	12.92	12.64	13.00	13.36
电气机械及器材制造业	12.60	12.52	13.00	13.01	13.14	13.62	13.53	12.95	13.38	13.57

续表

行业＼年份	2009	2010	2011	2012	2013	2014	2015	2016	2017	2018
通信设备、计算机及其他电子设备制造业	13.06	12.93	12.90	13.31	13.43	12.04	13.08	12.06	12.96	13.35
仪器仪表及文化、办公用机械制造业	13.81	13.96	14.92	15.38	15.74	14.44	14.18	13.81	14.21	14.76
技术密集型产业	12.99	13.18	13.77	14.03	14.43	14.24	14.33	13.68	14.37	14.74

资料来源：依据李强和郑江淮（2013）的方法计算得到。

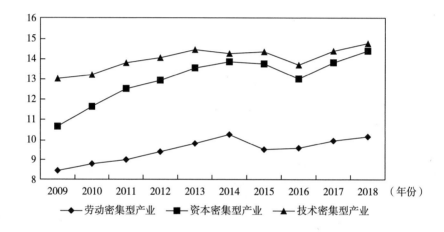

图 2 - 9　2009～2018 年不同类型产业的价值链位置

资料来源：依据李强和郑江淮（2013）的方法计算得到。

从表 2 - 6 可以看到，2018 年与 2009 年相比大部分行业的价值链位置都呈现出上升的状态。这表明我国通过积极地嵌入全球价值链分工，通过技术溢出效应和自主创新，如积极引进国际服务外包、购进先进的技术设备和增加高技术中间品的投入等方式提高了产业自身的产品技术含量和附加值，实现了在全球价值链中由附加值较低的位置向附加值较高位置的攀升。从 2009～2018 年具体行业的价值链位置来看，在 2009 年价值链位置最高的三个行业为医药制造业（17.50）、造纸及纸制品业（15.32）和专用设备制造业（15.18）。在 2018 年价值链位置最高的三个行业为医药制造业（17.88）、专用设备制造业（17.62）和有色金属冶炼及压延加工业（17.29）。这说明这些行业在世界范围内已经拥有较高的技术水平，而且生产的产品附加值较高，同时一些价值链位置较高的工序也由自己来完成。在 2009 年价值链位置最低的三个行业为饮料制造业（4.40），纺织服装、鞋、帽制造业（4.62）和石油加工、炼焦及核燃料加工业（5.15）。在 2018 年价值链位置最低的三个行业为饮料制造业（5.44），纺织服装、鞋、帽制造业（6.23）和纺织业（7.11）。这些行业都是传统的劳动力密集型行业，我国在这些行业一直是从事的代工贸易，价值链位置高的工序主要集中在国外，而且这些产业产品的附加值较低。

从不同要素密集度制造业类型来看（见图 2 - 9），2009 ~ 2018 年三类产业总体上在价值链上的位置都处于缓慢的攀升趋势，只是在 2015 年和 2016 年由于金融危机的影响出现了阶段性的波动，但是三类产业整体上价值链攀升的速度都处于较低的水平。从总体趋势上可以看出我国制造业在加入全球分工的过程中不断引进先进设备、高水平的生产工艺、吸引投资和承接外包，不断积累高端生产技术和提高生产高端产品的能力，来实现全球价值链从低端向高端的攀升。

第五节　价值链下服务外包与产业升级经验分析的总结

通过前文有关我国承接服务外包与产业升级现状的分析，整体来看我国承接服务外包水平偏低，尤其是国内服务外包。但是从纵向上来看我国承接国际服务外包和国内服务外包的水平都是不断增长的，尤其是进入 2015 年以后，承接国际服务外包和国内服务外包的增长速度更快。然而从产业升级的现状来看，无论从价值链位置还是从产业结构特征来看，都处于产业发展的低端水平，需要不断进行产业升级以获取更高的附加值和产业的可持续发展。同时也可以看到,与承接服务外包一样,我国产业升级也在不断进行,价值链位置不断攀升,尤其是进入 2015 年后,产业升级速度加快,价值链位置攀升明显。那么承接服务外包水平加速增长与我国产业升级之间是否存在一定的关联性呢?实际上基于产品价值链的一体化协调治理的视角承接服务外包,在微观上形成了发达国家集聚高附加值环节和发展中国家低附加值环节集聚的二元结构,在宏观上来看,则表现为发达国家和发展中国家产业联动发展和产业结构分化。

价值链分工模式的我国承接外包的这种产业转移所形成的二元集聚结构,使发达国家把高附加值环节放在国内,避免了整体产业转移产生的"产业空洞化"。此时,对于发达国家而言,已经没有了传统意义的夕阳产业或衰退产业,有的只是高技术或高附加值的服务环节,由此扩大了发达国家的产业竞争优势,促进产业升级,而且呈现产业结构的服务化趋势。对我国而言,主要集聚依赖于廉价初级要素的低附加值的生产环节,最终促使参与价值链分工的我国产业结构呈现制造化或加工化趋势,锁定于加工制造化的低级化结构,产生对国际技术和市场的路径依赖。而且,由于低附加值环节进入壁垒较低,往往会存在过度进入现象,由此形成的高度竞争的市场会恶化贸易条件,使集聚低端环节国家陷于"贫困式增长",抑制我国的产业升级。

根据斯密定理,随着市场规模和范围的扩大,经济体内部分工和专业化的程度不断提高。当然,产业分工发展并不止于此。分工不断深化意味着更多的新的产业生成和发展,新产业的不断生成和壮大一方面扩大了市场规模,形成了扩展分工的新动力。另一方面,它也是促进交易效率提高的手段。扩大的市场规模和新的交易工具产生反过来又推动新一轮的分工发生。也就是说,产业分工是一个不断循环上升的内生成长过程。由此,服务业的快速发展源于产业内部分工与深化,服务业的发展与工农业分工而形成的服务需求密切相关。在经济体内部,产业分工深化不断产生更多的中间服务需求,从而形成服务业成长重要推力;高水平服务业,特别是高级生产者服务业反过来促进工业的分工深化,继而产生服务业发展更广阔的市场支撑。因此，经济体内部产业结构体系存在着一条关联发展的内生成长路径。

在内生成长的理想状态下，服务环节从制造环节不断分离出来，使作为中间要素投入的服务业不断发展。从整个经济运行来看，社会专业化分工更加细化，专业化分工也有利于服务业的规模经济形成，从而提高了服务业自身效率，促进了经济更快增长。通常服务业的规模经济效应显著，在初期往往需要大量的装置投资（Set－Up Cost），而一旦投资完成以后，则边际成本相对较少，规模经济发挥着重要作用，在知识密集型的生产者服务业这一特征更加明显。服务业随着规模的扩大而不断地降低成本，其实质是降低了制造业的中间投入成本，这也在一定程度上提高了制造业效率。所以，产业体系的内生成长以服务业与工业和农业的关联互动为基本特征。

但是通过前文对我国承接国际服务外包的分析发现，在全球价值链模式的产业转移中，我国大量集聚第二产业的附加值低的加工装配环节，而跨国公司在研发、设计、材料采购、品牌、渠道、金融、物流等产业价值链的高附加值服务环节，我国却承接的较少。也就是说，在相当程度上，中国参与全球价值链分工模式是以中国从事第二产业和发达国家或地区从事第三产业之间的分工为特征。在全球价值链分工模式下，中国制造业成长内生的生产性服务的需求被漏出，由跨国公司的母国的金融、商务服务等相关服务业的离岸服务来提供。这在一定程度上改变了中国的产业结构，使中国产业结构长期偏离国际发展的一般模式，造成工业比重过高而服务业比重过低。在较长的时期内，这种异化的产业结构将导致自然资源、能源的过度消耗，以及对国际市场与技术的依赖，削弱了中国产业技术升级的能力，使我国多数行业处于全球产业价值链的低端，从而使我国的产业发展形成发展陷阱。

因此，承接服务外包是否存在产业升级陷阱问题？承接国际服务外包与国内服务外包的产业升级陷阱问题是否同时存在？作用是否相同？如果承接服务外包具有产业升级陷阱问题，那么承接服务外包跨越产业升级陷阱问题的途径是怎样的？承接国内服务外包与国际服务外包影响方式是否一样？这些问题将是本书接下来的研究内容。

本章小结

本章主要通过现实中服务外包与产业升级的相关经验数据，来研究价值链下服务外包及其对产业升级效应存在陷阱的现状。首先，介绍了价值链下对服务外包与产业升级的测度方法，由于本书是研究我国承接服务外包的产业升级效应，因此本章主要从承接方的角度测度我国服务外包水平。所以，本书采用 Hummels 等（2001）利用垂直专业化指数的方法来构建测度我国服务外包的计算公式。同时，在构建测度我国服务外包的计算公式时，本书创新性地区分为国际服务外包与国内服务外包的测度。其次，对产业升级的测度，由于在价值链视角下测度产业升级，所以主要以附加值表示的产业所处价值链位置为主要方法。最后，通过采用我国的 2007 年、2012 年和 2017 年投入产出表，UN Comtrade Database 提供的各国家的分类产品出口数据以及我国各年的《中国统计年鉴》所提供的数据，并结合提出的对服务外包水平与产业升级的测度方法，对我国 24 个制造业行业的服务外包与产业升级的现状进行了研究。通过分析可以看到：

一、我国服务外包整体发展现状

虽然整体承接服务投入呈上升趋势，但是与物质投入相比还是偏低的。从具体服务外包的行业来看，我国制造业承接的中间服务外包行业还是以技术溢出效应较少的服务行业为主，在五类服务行业中制造业承接最多的是交通运输与仓储业，而相对技术水平较高的综合技术服务业和研究与试验发展业承接相对较少，但是技术水平高的服务承接增长速度较快。从不同要素密集度制造业类型承接的中间服务来看，技术密集型制造业承接的中间服务水平最高，而且增长速度较快。相反，劳动密集型制造业中间服务承接水平较低，而且基本上没有发生变化。

二、承接国际服务外包现状

整体来说我国承接国际服务外包整体水平偏低，但电气机械及器材制造业，仪器仪表及文化、办公用机械制造业，以及专用设备制造业承接国际服务外包水平比较高。从纵向来看，我国 24 个制造业行业整体承接国际服务外包的水平呈增长态势，大体上可以分为两个阶段，2008 年以前承接国际服务外包水平在波动中缓慢增长，到了 2008 年以后增长速度加快。

从不同要素密集水平产业来看，不同要素密集制造业承接国际服务外包水平与不同类型的制造业承接中间服务水平相似，技术密集型制造业承接的国际服务外包水平最高，劳动密集型制造业承接的国际服务水平最低。从增长速度来看，也是技术密集型制造业增长速度最快，而劳动密集型制造业承接服务外包水平基本上没有明显的变化。

三、承接国内服务外包现状

从我国承接国内服务外包的水平来看，承接来自于国内企业的服务外包水平相比来自承接国外的服务外包水平整体更加偏低。从纵向来看，我国 24 个制造业行业整体承接国内服务外包的水平呈增长态势，大体上也可以分为两个阶段，2008 年以前承接国内服务外包水平在波动中缓慢增长，到了 2008 年以后增长速度加快。

从不同要素密集度制造业类型承接国内服务外包水平来看，与承接国际服务外包相似，技术密集型制造业承接国内服务外包水平仍然是最高的，而劳动密集型制造业承接的国内服务水平同时也是最低的。从增长速度来看，也是技术密集型制造业增长速度最快，而劳动密集型制造业承接国内服务外包水平基本上没有明显的变化。

四、世界服务外包发展现状

从世界整体服务外包发展来看，体现出一种两极化的发展趋势。发达国家以服务发包为主，而发展中国家（除了印度）还是以承接来自发达国家的服务外包为主。同时，考虑各国服务发包与服务外包，即离岸服务外包与在岸服务外包的情形下，发达国家的离岸服务外包和在岸服务外包整体水平要远超过发展中国家。从两者的平衡角度来说，英国和美国是世界上两者差距最大的国家，两者都是在岸服务外包大于其离岸服务外包。

五、价值链视角下我国产业升级现状

2011 年与 2002 年相比大部分行业的价值链位置都呈现出上升的态势，从不同要素密集度制造业类型来看，2009～2018 年三类产业总体上在价值链上的位置都处于缓慢的攀升趋势，只是在 2008 年和 2009 年由于金融危机的影响出现了阶段性的波动，但是三类产业整体上价值链攀升的速度都处于较低的水平，存在产业升级陷阱问题。

第三章　我国承接国际服务外包陷阱的产生机理：价值链视角下的理论分析

在前文的实证分析中可以看到，我国整体上虽然承接服务外包水平偏低，尤其是承接国内服务外包，但是从纵向上来看我国承接国际服务外包和国内服务外包的水平都是不断增长的，尤其是进入 2015 年以后，承接国际服务外包和国内服务外包的增长速度更快。而且，从承接国际服务外包产业升级效应的现状来看，我国仍然处于产业发展的低端水平，需要不断进行产业升级以获取更高的附加值和产业的可持续发展。同时也可以看到，我国承接国际服务外包产业升级效应也在不断进行，价值链位置不断攀升，尤其是进入 2015 年后，承接国际服务外包产业升级效应速度加快，价值链位置攀升明显。

基于以上的分析，会提出这样的疑问，承接国际服务外包是否是我国产业升级的主要原因？承接国际服务外包与国内服务外包对产业升级的效应是否同时存在？促进作用是否相同？如果承接服务外包具有产业升级陷阱，那么承接服务外包的产业升级陷阱的机制是怎样的？承接国内服务外包与国际服务外包影响方式是否一样？

因此，为了解决这些问题，本章试图从数理模型分析的角度来研究价值链下承接国际服务外包产业升级陷阱效应。具体来说就是构建价值链分工的微观经济数理模型，从理论上证明承接国际服务外包产业升级陷阱的产生机理。本章主要是利用均衡的框架对模型进行分析,通过分析不同参数和情形下的模型均衡状态,来得出服务外包产业升级效应的理论命题。

第一节 模型分析背景

本章分析价值链上的服务外包对接包地区的产业升级效应,企业可以通过将价值链上的服务任务外包给国内本土企业或者是国外的服务代工企业来实现产业升级,同时接包企业也可以通过承接来自国际和国内的服务外包实现地区的产业升级,而且来自国际的服务外包是基于全球价值链上进行的,来自国内的服务外包是基于国内价值链上进行的。基于本书的理论分析思路,在本章中构建模型分析时设立如下经济背景(具体流程见图3-1)。

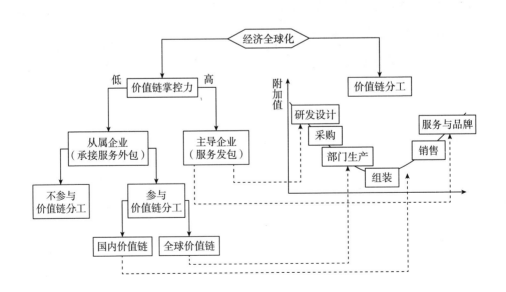

图3-1 价值链分工下服务外包的企业关系

资料来源:作者绘制。

现有两个企业分别处于价值链上的不同位置：一是处于价值链上的主导位置，进行服务外包；二是处于价值链上的从属位置，承接来自主导位置企业的服务外包。处于价值链上从属位置的企业在同一个国家内部，如处于我国很多承接服务外包的企业，而处于价值链上主导位置的企业可能与处于从属位置的企业在同一国家，也可能分布于不同的国家。假设处于价值链主导位置的企业表示为 N 企业，处于价值链从属位置的企业表示为 S 企业。

国内的 N 企业接受来自 S 企业的服务外包可以有两种渠道：一是通过全球价值链承接来自 S 企业的国际服务外包；二是通过国内价值链承接来自相同国家的 S 企业的国内服务外包。因此，根据本地企业承接服务外包的两种渠道，本书将国内承接服务外包的 S 企业分为国内价值链服务外包企业、全球价值链服务外包企业和双重服务外包企业（同时承接全球价值链和国内价值链上的服务外包）。

在价值链分工下服务外包流程为：价值链上处于控制地位的 N 企业在综合考虑企业所处的市场当前需求和企业自己本身的生产能力后，决定其向企业 S 的服务外包数量。S 企业负责服务中间品的生产交付给 N 企业，N 企业将最终服务产品在终端市场上分销给最终消费者。

在此分析背景下，本章将基于企业微观层面构建经济模型，分析基于价值链分工的服务外包的产业升级效应，利用模型分析主要探讨以下四个问题：

（1）价值链主导位置的 N 企业与处于价值链从属位置的 S 企业在服务外包中合作的决策机制是怎样的？

（2）承接服务外包对处于价值链从属位置的 S 企业以至于所处的国家是否存在产业升级效应？服务外包带来的产业升级陷阱的主要机制是怎样的？

（3）价值链主导位置的 N 企业与 S 企业处于同一国家和不同国家是否会导致不同的均衡结果？

（4）通过理论模型分析得出基于价值链服务外包的产业升级怎样的政策建议？

第二节 相关文献综述

一、承接服务外包陷阱的理论研究

Arthur（1989）在研究后进国家的技术创新时正式提出了"承包陷阱"的概念。他指出，由于存在报酬递增和自我增强等机制，一国现有的技术条件对技术创新的选择往往具有锁定效应，从而容易导致技术水平停滞不前，不利于后进国家的工业化进程和产业结构升级。Grabber（1993）则通过对德国鲁尔工业区的研究，最早系统地提出了"陷阱理论"。他认为工业区的初始力量——产业环境、高度发展和专业化分工的基础设施、紧密的企业间联系以及区域制度的强力政治支持等都会给创新带来严重障碍。

Grossman 和 Helpman（2005）基于交易成本和财产权利的角度，在一个外包与贸易的一般均衡模型中研究了离岸服务外包以及离岸服务外包程度的决定因素。研究表明，离岸服务外包的效应（即将多少环节、将什么环节离岸外包出去）取决于每个承接国家的宏观承接环境，有可能会带来承接服务外包的陷阱。Grossman 和 Rossi－Hansberg（2006）进一步构建了一个研究离岸服务外包的理论分析框架。他们提出了一个以可交易任务（Trade in Tasks）为重点的新的全球化生产过程，并利用此理论模型分析了离岸服务外包带来的成本降低效应，以及降低的成本如何影响承接外包国家的要素价格，并通过分析得出，可交易任务成本的降低会导致所有国内要素的收益增加，从而使承包国陷入低端锁定的陷阱状态。Shailey Dash（2006）从比较优势理论的角度对服务外包的发展模式和决定因素进行了探讨。Dash 认为，服务的离岸外包就是一个国家（发包国）将服务出口给另一个国家（承接国），既然如此，这些服务的贸易模式就可通过比较优势来决定。由于服务是典型的劳动力技能与教育密集型的产品，因此一国在服务产品上的比较优势就体现在其劳动力技能和受教育程度上，以美国等开展外包的发达国家与印度、中国等承接服务外包的发展中国家为样本进行检验，结果发现，发展中国家承接服务外包的人力资本的绝对数量较低，从而产生承接服务外包的陷阱。Feenstra（2010）对离岸（服务）外包的研究相对较全面，系统全面地讨论了全球离岸外包的微观组织结构和宏观经济内涵，模型体现了动态的思想，认为开展外包的时机与外包的程度会根据发包国与承接国相对要素成本的变化而变化，要素成本的增长可能会带来承包国收益的下降。

国内方面，卢福财和胡平波（2008）从企业间能力差距的微观角度构造了跨国公司与中国企业之间低端锁定博弈模型，分析结果表明，跨国公司会无条件地对中国企业的价值升级路径实行封锁，但中国企业仅依靠自身能力却很难突破低端锁定状态。张秋菊和朱钟棣（2008）、文东伟和冼国明（2009）的研究发现，加工贸易对产业技术进步和升级换代的推动作用还没有得到充分发挥，从长期来看跨国外包对技术进步的促进作用并不显著。周勤和周绍东（2009）、张杰和刘志彪（2013）和刘志彪（2012）等基于全球价值链理论思路的分析也认为，外资代工体系下中国本土产业升级的路径与效果并不具有完全的内生性和必然性，而可能陷入"产品内分工的建构陷阱"。

二、承接服务外包陷阱的经验研究

Proudman 和 Redding（2000）运用贸易模式流动性规范指数对英、美、法、德、日五个国家的制造业国际分工模式的演化进行测算后发现，如果经济体中所有部门的外生技术变化率相同，且不存在国际知识溢出，那么初始承接国际服务外包模式将是持续性的，并随时间而不断被锁定。Schmitz 和 Knorringa（2000）利用国际知名企业的案例发现，当本土承包企业试图建立自己的核心技术设计研发能力、品牌和销售终端来进行功能升级或链的升级时，会侵占全球买家的核心能力，从而可能会受到后者的阻碍和控制，产生外包陷阱。Lemoine 和 ünal－

Kesenci（2010）利用中国 2000～2008 年的进出口数据实证研究了加工贸易的技术升级效应，并在此基础上提到了承接国际服务外包的作用，研究认为这种基于进口技术和外资企业的外向型且高度竞争的产业国际服务外包，限制了当地生产及中国国内产业的技术扩散，产生技术进步陷阱。

国内学者魏浩和黄皓骥（2012）对广东东莞 IT 制造业集群的案例进行考察后发现，集群企业对外资企业的过度依赖，容易降低其自主创新能力，形成集群企业自主创新能力不足的路径依赖，从而使本地集群企业长期被锁定在全球价值链的低端。姜荣春（2014）运用中国改革开放前后经济增长相关数据分析了承接国际服务外包对地区发展不平衡的决定作用，并指出从经济增长角度而言，资本要素的锁定导致我国在短期内难以摆脱外包的国际分工地位，且可能将长期被锁定在陷阱中。白瑜婷（2014）则借鉴 Arthur（1989）的配置模型，考察了 1996～2006 年我国高技术产业的承接国际服务外包的锁定效应，结果发现，高技术产业技术变化指标呈现陷阱特征，而且陷阱主要存在于技术变化上，人力资本和研发资本是技术变化陷阱的主要影响途径。

三、承接服务外包陷阱的跨越研究

国际主流外包文献主要基于交易成本、产权及不完全契约思路来探究跨国公司边界调整、公司内贸易的形成机理以及企业运作方式、交易效率与权利配置等问题（Grossman and Helpman，2002；Antras，2003，2005；Antras and Helpman，2004），很少涉及作为承接方的发展中国家企业在跨国公司的一系列组织行为下，如何通过技术学习和自创品牌进行陷阱跨越的研究。另有文献通过对亚洲"四小龙"企业的研究，提出了后进企业跨越的一般路径为从 OEM 到 ODM 再到 OBM（Hobday，1995；Gereffi，1999），但缺乏对实现这种路径的微观机理与条件的深入分析，而且效果也有待商榷。

从国内研究来看，大多数文献通过对中国承包企业进行案例研究后发现了不同的企业升级路径，并从管理学意义上探讨了影响跨越的主要因素，如胡昭玲和王洋（2010）强调，承接服务外包首先要注重在新开放观下的战略定位，并注重产业集聚效应和商务环境建设。陈清萍和曹慧平（2011）则试图研究服务业 FDI 对离岸外包的促进作用，并基于实证研究结果指出，要抓住金融投资浪潮、撬动制造业投资和利用跨国公司分包（转包），带动本国离岸外包服务业的发展。魏浩和黄皓骥（2011）的研究提供了三个服务外包发展模式，分别是生产性服务外包模式、服务外包集聚区模式和外资拉动模式。王昌林（2013）详细归纳了发展中国家承接离岸外包服务的主要方式和重点领域，分析了外包承接对东道国的影响，认为我国应抓住这一历史机遇，及时制定承接服务外包的国家战略和行业策略。通过对美国、日本和欧盟跨国公司离岸服务外包模式的研究，霍景东和夏杰长（2013）指出了两种模式在形成基础、外包类型、管理方式和实施结果等方面存在的根本差异，同时有针对性地给出了我国承接服务外包的对策。

四、研究述评

国内外文献从不同视角研究了承接国际服务外包陷阱的产生机理及应对措施，但有三点是值得思考的。

（1）国外学界对国际服务外包的研究大多从发达国家的立场出发，主要考察其制造业行业把自身不具优势的劳动密集型服务环节外包出去对本国生产率或者企业绩效的影响，且注重经验研究。显然，这些研究结论很难解释与中国类似的发展中国家在承接国际服务外包中存在的问题。

（2）现有承接国际服务外包的政策研究缺乏合理的视角，并勾勒出可行路径。许多文献都从管理学意义上罗列了引导和促进其积极效应发挥的措施，但对我国承接国际服务外包可能存在的困境形成及其突破条件还缺乏严谨的理论支持与实证检验。

（3）综观这些文献，对本书研究都极富有启发性和借鉴价值。但是，从本书研究思路和目标上看，这些文献的研究侧重点与本书研究有很大的不同。本书试图将价值链作为一个分析框架，一个政策思路的方向，将我国承接国际服务外包陷阱的产生机理和跨越路径放在价值链的视角下进行研究。

以上这些文献表明，发生于发达国家与发展中国家之间的服务外包贸易活动以及技术转移，未必一定能够带来作为服务外包接受方的发展中国家企业技术能力的可持续提高和经济的可持续增长，也可能存在一定的承接国际服务外包陷阱。非常遗憾的是，现有文献多数是从实证角度而且是间接地发现基于服务外包活动的发达国家对发展中国家的技术转移，对发展中国家自主创新以及经济增长可能具有的不确定性作用，恰恰缺乏一个切合发展中国家现实且深入其微观基础的直接理论分析。本章就是理论数理模型来研究价值链下国际服务外包与国内服务外包影响产业升级陷阱效应的机理，分析这两种服务外包形式具有的不同产业升级效应。

第三节　模型构建与分析

一、基本假设与变量说明

按照 Grossman（2006）和 Demir（2011）有关任务贸易（Task Trade）的研究思路，企业生产产品的过程可以看作有许多生产任务（Task）构成的价值链。这些生产任务（Task）可以在企业内部完成也可以外包给外部的企业（国内或者国外）来完成，企业在决定生产任务（Task）的完成方式时，考虑的是内部完成和外包由收益和成本产生的利润最大化问题。当企业认为把某些任务由企业外部来完成时，就形成了外包。如果这些外包的任务是生产过程中的服务任务（Service Task），则形成服务外包。如果由国外的企业来完成这些服务外包则为国际服务外包，反之为国内服务外包。企业在选择某些生产任务时，有许多因素会影响其收入和成本，从而会影响外包决策，其中最重要的是外包双方所处不同地区之间的要素价格差异（Grossman，2006），企业通常会按照生产过程中各国的要素密集度来分配生产任务。

依据 Grossman（2006）和 Demir（2011）有关任务贸易（Task Trade）的分析思路，本节把企业生产产品的价值链按照任务组成模式，看作是一系列任务组成的连续生产过程，把这一系列的生产任务（Task）按照具体实施内容在价值链中的位置，分为三个区段，具体如图 3-2 所示：

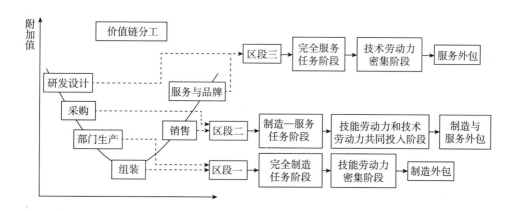

图 3-2　价值链分工下任务分解

资料来源：作者绘制。

目前，从承接方的角度来看，我国主要是以第一区段和第二区段的生产任务承包为主。我国从改革开放以来，就是通过低端嵌入全球价值链来实现加入全球经济，第一区段是我国最早承接的来自国外的外包，主要是低端的制造任务外包，这个阶段的外包为我国初期的经济发展和产业升级提供了一些帮助。但是随着我国及世界经济和产业结构调整的新变化，第二区段外包在 21 世纪初期开始增加，这个阶段体现为承接价值链上的制造和服务任务的双重外包。在 2008 年金融危机出现后，伴随着我国新一轮的经济和产业结构调整，第三区段中价值链上完全服务任务的外包承接在我国开始不断增长。所以，本书中讨论的服务外包主要是以价值链上的第二区段中的服务外包为主，兼顾第三区段中的服务外包。

按照外包的原理企业把某些任务外包给其他的企业主要是利用其他企业成本低的特征，我国早期承接第一区段的制造外包主要是我国相对劳动力富裕，技能型劳动力成本低。第二区段中的制造和服务任务外包也是利用我国技能型劳动力和部分技术型劳动力成本低的优势。另外，在第二区段中外包双方存在技术差距，发包方比承包方技术先进，即使在我国承接第一区段制造外包后使要素价格（劳动力成本）上升，发包方仍然会把第二区段的制造和服务外包给技术水平相对较低的国家，因为这样做可以使发包方技术与承包方的生产要素（劳动力）结合到一起，对发包方来说是有利可图的。在第三区段中由于只使用一种技术型劳动力投入，虽然发包方的技术型劳动力成本较高，但是一方面发包方技术型劳动力丰富，另一方面在第三区段中双方的技术差距明显，而双方的技术水平决定了在第三区段中研发创新的概率，所以在该区段中服务外包的概率较小。但是就像我国服务外包的发展一样，随着承包方技术水平的提升，第三区段发生外包的概率在增加。

在模型构建上本章主要借鉴 Grossman（2006）的任务贸易模型，并结合 Sim（2004）、Long 等（2009）、Demir（2011）以及李强和郑江淮（2013）对价值链和产业内分工的研究。根据前面对于价值链下服务外包的发展规律、价值链下任务外包的相关理论以及我国按照服务任务外包的现实，本书假设有两个具有不同技术发展水平和要素禀赋的地区 G_N 和 G_S[①]，G_N 表示发包方所在的地区，G_S 表示承包方所在的地区。每个地区的企业在产品 x_m 的生产过程中只有劳动一种要素投入，劳动投入可以分为技能型劳动投入 L 和技术型劳动投入 H。发包方是技术型劳动力 H 丰富的地区，承包方是技能型劳动投入 L 丰富的地区。同时，假设在

---

① 这两个地区可以在同一国家也可以不在同一国家，如果处于不同的国家则为国际服务外包，在同一个国家则为国内服务外包。由于在不同的国家间劳动力是不能够自由流动的，两个地区在不同的国家会使不同地区的需求和供给产生变化，在劳动力不能自由流动的情形下，劳动力要素价格会发生变化；两个地区在同一个国家劳动力可以自由流动，在我国剩余劳动力较多的情形下，劳动力要素的价格不会发生变化。在后面的分析中会分别研究。

价值链上的外包所有劳动力类型的工资水平都是发包方地区的大于承包方地区的，即 $w_N > w_S$，$h_N > h_S$，其中 w_N、w_S、h_N、h_S 分别表示技能型劳动力和技术型劳动力在地区 G_N 和 G_S 的工资水平[①]。另外，把价值链上的某些任务（包括制造和服务任务）进行外包时是存在成本的。外包时企业把价值链上的生产任务外包到不同的国家完成，这样做虽然可以节省生产成本，但同时也会产生协调沟通成本，在本章中把这种成本界定为 Jones – Kierzkowski 式的服务成本[②]，所以外包的决策就是在节省的生产成本与产生的服务成本之间进行抉择。

企业 m 生产最终产品 x_m 需要价值链上的三个区段连续完成，在本章中假设生产一单位 x_m 需要价值链上三个阶段各一单位的投入，所以在发包方所在的地区与承包方所在的地区生产一单位同一种 x_m 需要技能型和技术型劳动力的边际投入量为 a_{Lm}^N、a_{Hm}^N、a_{Lm}^S、a_{Hm}^S，在本章中的假设下劳动投入量满足式（3 – 1）：

$$a_{Lm}^N = a_{Lm}^{N1} + a_{Lm}^{N2}; \quad a_{Hm}^N = a_{Hm}^{N2} + a_{Hm}^{N3}$$

$$a_{Lm}^S = a_{Lm}^{S1} + a_{Lm}^{S2}; \quad a_{Hm}^S = a_{Hm}^{S2} + a_{Hm}^{S3} \tag{3 – 1}$$

式（3 – 1）中，a_{Lm}^{N1} 表示发包方生产一单位 x_m 第一区段中需要投入的技能型劳动力的数量；a_{Lm}^{N2} 表示发包方生产一单位 x_m 第二区段中需要投入的技能型劳动力的数量；a_{Hm}^{N2} 表示发包方生产一单位 x_m 第二区段中需要投入的技术型劳动力的数量；a_{Hm}^{N3} 表示发包方生产一单位 x_m 第三区段中需要投入的技术型劳动力的数量；a_{Lm}^{S1} 表示承包方生产一单位 x_m 第一区段中需要投入的技能型劳动力的数量；a_{Lm}^{S2} 表示承包方生产一单位 x_m 第二区段中需要投入的技能型劳动力的数量；a_{Hm}^{S2} 表示承包方生产一单位 x_m 第二区段中需要投入的技术型劳动力的数量；a_{Hm}^{S3} 表示承包方生产一单位 x_m 第三区段中需要投入的技术型劳动力的数量。

[①]　这个假定主要是参考 Baldwin 和 Roberd – Nicoud（2007）的假设，由于发包国技术相对先进，承包国技术相对落后，假设技术进步是希克斯中性的，发包国的效率高于承包国，所以发包方的工资水平高于承包方。

[②]　Kohler（2003）、Baldwin 和 Roberd – Nicoud（2007）、Grossman 和 Rossi – Hansberg（2006）都假设外包的服务联系成本为冰山成本类型。

根据我国产业发展的实际，进过长时间的承接国际制造外包后，制造环节的技术取得了明显的进步，因此在第一区段技术水平的差距并不明显，所以有 $a_{Lm}^{N1} = a_{Lm}^{S1}$；但是在第二区段和第三区段中，两个地区的企业还存在明显的技术差距，假设技术差距为 λ，则 $a_{Lm}^{S2} = \lambda a_{Lm}^{N2}$，$a_{Hm}^{S2} = \lambda a_{Hm}^{N2}$，$a_{Hm}^{S3} = \lambda a_{Hm}^{N3}$。[①]

按照图 3-2 的分析，价值链上的服务外包主要产生在第二区段和第三区段，为了便于在本章的理论模型中只分析第二区段的服务外包，这也符合我国当前承接服务外包的现实。假设在价值链上包含服务的二区段中服务任务的生产可以分割为 [0, 1] 阶段，与价值链上第一区段和第二区段的密集使用技能型劳动力的制造外包不同，在区段二和区段三中的服务任务密集使用技术型劳动力。所以，为了分析方便假设在这两个阶段中，价值链上服务任务的任意生产阶段 k（$k \in [0, 1]$）是连续变量，当 $k = 1$，价值链上第二区段所有的服务任务生产完成。由于第二区段中既有制造任务又有服务任务，根据前文的假设，制造任务使用技能型劳动力，服务任务使用技术型劳动力，所以不外包时在地区 G_N 完成一单位的第二区段所有任务的生产，需要投入 a_{Lm}^{N2} 单位技能型劳动力和 a_{Hm}^{N2} 的技术型劳动力。如果这一单位的第二区段所有任务在承接外包的地区 G_S 完成时，由于存在服务成本，所以需要投入 δa_{Lm}^{N2} 单位技能型劳动力和 δa_{Hm}^{N2} 的技术型劳动力，其中 $\delta > 1$ 表示外包产生的服务成本。按照前文假设服务任务只使用技术型劳动力，所以当第二区段中 k 阶段服务任务在地区 G_N 完成时需要投入 a_{Hmk}^{N2} 的技术型劳动力，在承接外包的地区 G_S 完成时需要投入 $\delta(k) a_{Hmk}^{N2}$ 的技术型劳动力。由于服务外包成本不可能是负值，而且外包数量越多服务外包的协调成本越大，所以 $\delta(k) \geqslant 1$，同时 $\delta(k)$ 是关于 k 的非递减函数，即 $\frac{\partial \delta(k)}{\partial k} \geqslant 0$。又由于假设两个地区之间存在技术差距，所以第二区段中 k 阶段任务在地区 G_N 完成时需要投

---

① 此处有关技术差距的设定参考 Baldwin 和 Roberd - Nicoud（2007）以及 Grossman 和 Rossi - Hansberg（2008）有关技术差距的假设方法。

入 a_{Hmk}^{N2} 的技术型劳动力，在承接外包的地区 G_S 完成时需要投入 $\lambda\delta(k)\ a_{Hmk}^{N2}$ 的技术型劳动力。

假设地区 G_N 的企业把价值链上的第二区段中服务任务的 $[0,k]$ 部分外包给地区 G_S 的企业，则价值链上的第二区段和第三区段中服务任务的 $[k,1]$ 部分留在地区 G_N 的企业。那么按照企业外包时决策的考虑内容，企业在服务外包的临界点时，服务生产任务在任何地区的企业完成成本都是相同的，即在临界的服务外包阶段 k，在地区 G_N 和地区 G_S 完成都具有相同的成本。

按照上文的分析，地区 G_N 和地区 G_S 可以在同一国家也可以不在同一国家，即存在国际服务外包和国内服务外包两种情形。国际服务外包和国内服务外包进行外包决策时，考虑的都是上文提到的两种成本的权衡，两种服务外包都存在节省生产成本和产生协调成本的问题。不同的地方在国际服务外包时两个国家的劳动力是不能够自由转移的，所以服务外包会对两个国家不同的劳动力需求产生影响，进而影响两个国家的劳动力要素价格，从而影响成本变化。相反在国内服务外包时，尤其是我国剩余劳动力相对富裕的情形下，由于外包的双方都在一个国家，相对富裕的劳动力可以自由转移，发包地区和承包地区两种劳动力的供需变化可以通过劳动力的流动来弥补，所以不会对国内的劳动力要素价格产生影响。因此在下文的分析中，国际服务外包和国内服务外包的不同之处在于承包方和发包方所在地区的劳动力要素价格是否发生变化。首先分析服务外包时没有产生劳动力要素价格改变的国内服务外包，进而在扩展到要素价格变化时的国际服务外包。

二、国内服务外包模型推导

服务外包阶段的临界值 k 表明，在地区 G_N 和地区 G_S 完成都具有相同的成本，而根据前文的相关变量假设，临界成本条件可以表示为：

$$a_{Hmk}^{N2} h_N = \lambda \delta(k) a_{Hmk}^{N2} h_S \tag{3-2}$$

式（3-2）可进一步转化为（参见附录 A）：

$$a_{Hm}^{N2} h_N = \lambda \delta(k) a_{Hm}^{N2} h_S \tag{3-3}$$

对于任意的 $k_1 \in [0, 1]$，若有 $k_1 < k$，则有：

$$a_{Hm}^{N2} h_N > \lambda \delta(k_1) a_{Hm}^{N2} h_S \tag{3-4}$$

从式（3-4）可以看到，通过价值链上的服务任务外包来完成最终产品的生产，成本最小的边际服务外包分割点是两个地区生产差距的增函数。现实的产业外包情形是发包国先外包制造任务，然后再外包服务任务，所以假设在价值链上第二区段服务任务外包时，第一区段和第二区段中的制造任务已经外包完成，此时在外包服务任务中，生产一单位 x_m 的边际成本为：

$$c_m = \underbrace{(a_{Lm}^{N1} + a_{Lm}^{N2})\delta_1 w_S}_{\text{制造任务成本}} + \underbrace{\int_0^k a_{Hm}^{S2} h_S dk}_{\text{发包方服务任务成本}} + \underbrace{\int_k^1 a_{Hm}^{N2} h_N dk + a_{Hm}^{N3} h_N}_{\text{承包方服务任务成本}} \tag{3-5}$$

把 $a_{Lm}^{S2} = \lambda a_{Lm}^{N2}$，$a_{Hm}^{S2} = \lambda a_{Hm}^{N2}$，$a_{Hm}^{S3} = \lambda a_{Hm}^{N3}$ 结合服务成本假设可以把式（3-5）改为：

$$c_m = (a_{Lm}^{N1} + a_{Lm}^{N2})\delta_1 w_S + \lambda a_{Hm}^{N2} h_S \int_0^k \delta(k) dk + (1-k) a_{Hm}^{N2} h_N + a_{Hm}^{N3} h_N \tag{3-6}$$

式（3-6）中，$1-k$ 表示的是价值链上第二区段服务任务在发包方完成的部分。与制造外包一样，在国内服务外包时也会发生技术转移，由于通过构建国内价值链的国内服务外包双方不会在市场中产生竞争关系，所以最终的技术转移将会使双方使用相同的技术水平，即 $\lambda = 1$，此时式（3-6）变为：

$$c_m = (a_{Lm}^{N1} + a_{Lm}^{N2})\delta_1 w_S + a_{Hm}^{N2} h_S \int_0^k \delta(k) dk + (1-k) a_{Hm}^{N2} h_N + a_{Hm}^{N3} h_N \tag{3-7}$$

参考 Grossman（2006）的任务贸易模型中任务外包下产品 x_m 价格下降的公式和附加值公式，可以得到价值链下国内服务外包后产品市场价格下降（ΔP_m）和两个地区企业附加值（ν_m^N 和 ν_m^S）公式（具体推导过程见附录 B）：

$$\Delta P_m = \frac{\sigma}{\sigma - 1} \Delta c_m = \frac{\sigma}{\sigma - 1} a_{Hm}^{N2} \left(kh_N - h_S \int_0^k \delta(k) dk \right) \tag{3-8}$$

通过国内服务外包生产一单位产品 x_m 的两个地区的企业附加值（v_m^N 和 v_m^S）公式为：

$$v_m^N = \frac{\sigma}{\sigma-1}\left[(1-k)a_{Hm}^{N2}h_N + a_{Hm}^{N3}h_N\right] \qquad (3-9)$$

$$v_m^S = \frac{\sigma}{\sigma-1}\left[(a_{Lm}^{N1}+a_{Lm}^{N2})\delta_1 w_S + a_{Hm}^{N2}h_S\int_0^k \delta(k)\,dk\right] \qquad (3-10)$$

式（3-8）至式（3-10）中，σ 表示消费者消费的差异性产品之间的替代弹性，$0<\sigma<1$。

由式（3-9）和式（3-10）可得，当地区 G_N 的所有企业都把价值链上的第一区段和第二区段中的全部制造任务及第二区段中的 k 部分服务任务外包给国内的 G_S 地区的企业来完成时，在整个产品的价值链产生的附加值中，地区 G_N 和地区 G_S 的附加值（v^N 和 v^S）公式为：

$$v^N = \frac{\sigma}{\sigma-1}\sum_{m=1}^{M}\left[(1-k)a_{Hm}^{N2}h_N + a_{Hm}^{N3}h_N\right]x_m \qquad (3-11)$$

$$v^S = \frac{\sigma}{\sigma-1}\sum_{m=1}^{M}\left[\underbrace{(a_{Lm}^{N1}+a_{Lm}^{N2})\delta_1 w_S}_{\text{承接制造任务外包}} + \underbrace{a_{Hm}^{N2}h_S\int_0^k \delta(k)\,dk}_{\text{承接国内服务任务外包}}\right]x_m \qquad (3-12)$$

价值链是指当商品的产品设计，原材料提供，中间品生产与组装，成品销售、回收等所有生产环节在全球范围内分工后，形成的覆盖世界各个国家和地区的庞大生产网络。在全球价值链的每个生产环节上，附加值被不断地创造、累加，并通过该网络在全球范围内流动。因此，在价值链中的位置越高产生附加值越大，只有提高生产附加值才能提高在价值链中的位置。通过分析不同变量对附加值的影响，可以间接地测度不同变量对以价值链位置为表现的产业升级的效应。所以，通过国内服务外包的承接方与没有承接国内服务外包而只承接制造外包方的附加值相比较，就可以看出由于承接国内服务外包而带来的在价值链中附加值的变化。通过对变化的附加值公式中相关参数变量的分析，可以得到国内服务外包对承包方附加值的影响，进而得出国内服务外包的产业升级效应。通过式（3-12）可以得到承接国内服务外包与没有承接国内服务外包时的附加值变化公式为：

$$\Delta v^S = \frac{\sigma}{\sigma - 1} \sum_{m=1}^{M} \left[a_{Hm}^{N2} h_S \int_0^k \delta(k) dk \right] x_m \tag{3-13}$$

综上所述，为了得到承接国内服务的产业升级效应，对式（3-13）求 k 的一阶导数可得：

$$\frac{\partial \Delta v^S}{\partial k} = \frac{\sigma}{\sigma - 1} \sum_{m=1}^{M} \left[a_{Hm}^{N2} h_S \delta(k) \delta'(k) \right] x_m \tag{3-14}$$

式（3-14）中，由于 $0 < \sigma < 1$，所以 $\frac{\sigma}{\sigma-1} > 0$，由前文的假设可知 $\delta(k) > 1$，$\delta'(k) > 0$，所以 $\frac{\partial \Delta v^S}{\partial k} > 0$。也就是说承接服务外包地区的产业附加值与没有承接国内服务外包时相比，随着承接国内服务外包数量的增加而增加，而且 $\frac{\partial \Delta v^S}{\partial k} > 0$ 并不取决于两个地区之间的技术差距 λ 的大小，不论两个地区之间的技术差距是多大，承接国内服务外包都能够带来附加值的上升。因此，可以得到本章的第一个理论命题：

命题1：承接国内服务外包有利于承包方的产业升级，同时产业升级效应并不取决于发包方和承包方之间的技术差距。

三、国际服务外包模型推导

根据前文的分析，在价值链上第二区段的服务外包给国外的企业时就发生了国际服务外包。由于在国际劳动力无法自由流动，所以随着国际外包的加深（包括制造外包和服务外包），两个国家的要素市场会发生变化，劳动力要素价格也会发生改变，从而会引起两个国家技能型劳动力和技术型劳动力工资的改变，尤其是技术型劳动力在发包方是富裕的而在承包方是稀缺的情形下影响更大（Grossman，2006），即 w_N、w_S、h_N、h_S 在国际服务外包时会发生改变。国际服务外包时国家 G_N 的企业把价值链上的第二区段中的服务任务的 $[0, k]$ 部分外包给另一个国家 G_S 的企业，则价值链上的第二区段和第三区段中的服务任务的

$[k，1]$ 部分留在国家 G_N 的企业。与上文中国内服务外包的分析一样，国际服务外包仍然存在节省生产成本和产生协调成本，企业进行国际服务外包时考虑的还是成本最小问题。这些内容与前文中国内服务外包时完全相同，在国内服务外包分析中得出的全部有关成本的公式形式完全适用，但是在劳动力工资水平发生改变后需要做一些调整。同样，国际服务外包时，企业在服务外包的临界点时，服务生产任务在任何地区的企业完成成本都是相同的，即在临界的服务外包阶段 k，在国家 G_N 和国家 G_S 完成都具有相同的成本。首先来分析国际服务外包时的要素供给与需求变化。

1. 国际服务外包的要素价格和技术转移效应

假设国家 G_N 的所有企业都把价值链上的第二区段中的 k 部分服务任务外包给国家 G_S 的企业来完成，用 L_N 和 H_N 分别表示国家 G_N 的技能型劳动力和技术型劳动力的供给量，由于在国际服务外包发生时制造外包已完成，所以再进行服务外包不会影响技能型劳动力的供需关系和工资水平，因此在国家 G_N 的技术型劳动力市场出清的条件为：

$$H_N = (1-k) \sum_{m=1}^{M} x_m a_{Hm}^{N2} - \sum_{m=1}^{M} x_m a_{Hm}^{N3} \Rightarrow \sum_{m=1}^{M} x_m a_{Hm}^{N2} + \sum_{m=1}^{M} x_m a_{Hm}^{N3}$$

$$= k \sum_{m=1}^{M} x_m a_{Hm}^{N2} + H_N \qquad (3-15)$$

由式（3-15）可以得到，在全球价值链下由于国际服务外包的产生，发包方所在国家 G_N 的技术型劳动力的供给量增加了 $\Delta H_N = k \sum_{m=1}^{M} x_m a_{Hm}^{N2}$。由于国际服务外包中发包国和承包国之间在服务任务环节存在技术差距 λ，因此按照同样的方法可得承包国 G_S 的技术型劳动力的需求量增加了 $\Delta H_S = \lambda k \sum_{m=1}^{M} x_m a_{Hm}^{N2}$。由于假定 $\lambda > 1$，所以 $\Delta H_S > \Delta H_N$。国家 G_N 进行服务任务外包后，技术型劳动力部分会被国家 G_S 的技术型劳动力所取代，相当于发包国技术型劳动力供给量增加 ΔH_N，这必然会导致国家 G_N 的技术型劳动力就业数量的下降，同时也会对国家 G_N 的技术型劳动力的工资水平 h_N 产生下降的压力[①]。对于承接国际服务外包的国家 G_S 来说，承接国际服务外包会为国家 G_S 创造新的就业岗位，相当于发包国技术型劳动力需求量增加 ΔH_S，对国家 G_S 技术型劳动力的需求增加，尤其是在承包国际服务外包国家技术型劳动力相对不足的情形下，需求的增加会带来技术型劳动力工资水平 h_S 上涨的趋势（Flanagan and Khor，2012；李强，2014）。于是我们可以得到 $\tilde{h}_N < h_N$ 和 $\tilde{h}_S > h_S$，其中 $\tilde{h}_N$，$\tilde{h}_S$ 分别表示国际服务外包后两个国家的技术型劳动力的工资[②]。同时，由 $\Delta c_m = a_{Hm}^{N2} \left(kh_N - h_S \int_0^k \delta(k) \, dk \right)$ 式可知，$\dfrac{\partial \Delta c_m}{\partial h_N} > 0$，$\dfrac{\partial \Delta c_m}{\partial h_S} < 0$，所以 h_N 的下降会使 Δc_m 下降，h_S 上涨同样会使 Δc_m 下降，这说明随着国际服务外包的加深，国际服务外包单位成本节省得越来越少，即 $\Delta \tilde{c}_m < \Delta c_m$。从国际服务外包单位节省的成本来看，随着国际服务外包的加深，两国技术型劳动力工资水平的差距在缩小，这将会对国际服务外包的发展产生消极的影响。因为通过利用两国之间工资差距降低生产成本是国际服务外包产生的重要原因，两国工资差距的缩小使国际服务收益减少，从而使国际服务外包减少。由于

---

① 在 Grossman（2006）的模型分析中没有区分制造外包和服务外包，对技能型劳动力和技术型劳动力（Low – Skill and High – Skill Employment）都进行了分析，而本书中做了分开研究，在服务外包时制造外包已经完成，并且假定服务任务外包只使用技术型劳动力，所以本章中的技能型劳动力供需和工资保持不变。

② 按照 Grossman（2006）的分析，任务贸易发生后对任务贸易发包国内部的技能型劳动力的工资变化遵循以下公式：

$$\tilde{w} = -\tilde{\Omega} + \mu_1 \tilde{p} - \mu_2 \frac{dI}{1-I}$$

上式中右边第一部分（$\tilde{\Omega}$）表示生产率效应，随着外包的增加产生的技术进步在所有产业中导致的技能型劳动力成本的降低。第二部分（$\mu_1 \tilde{p}$）表示劳动力相对价格效应，离岸外包会改变贸易平衡，如果劳动密集型产品的相对价格下降，这通常会通过从斯托尔珀萨—缪尔森熟悉的机制，对技能型劳动力工资产生向下的压力。由于外包在劳动密集型产业比技术密集型产业产生更大的成本节约，在其他条件不变的情况下，降低劳动密集型产品相对价格。第三部分（$\mu_2 \dfrac{dI}{1-I}$）为劳动力供给效应，随着外包的发生，国内大量技能型劳动力由国外的企业来提供，使国内大量技能型劳动力增加，降低技能型劳动力工资水平。但是本章中一方面为了分析简洁，另一方面本章把劳动力分为技能型和技术型劳动力，所以没有对劳动力的工资水平变化给出具体的计算公式，这样做并不影响最后的结论。

本章中分析的是价值链上第二区段的服务任务外包，根据图 3 - 2 可以看到，第二区段的服务任务主要是技术含量较低的地段服务任务，所以这和我国承接制造任务外包相似，在国内劳动力要素价格变化后会影响外包的数量，但从另一面来说也会倒逼发包方把价值链位置更高的服务任务外包给我国。

随着国际服务外包的加深，当两国工资差距缩小后，国际服务外包成本的节省将逐渐不能弥补服务外包发生的协调成本，那是不是将会减少国际服务外包的数量直至消失呢？实际上我们分析的是价值链上的第二区段的低端服务任务的外包会减少，现在我们分析如果发包方不断向承包方转移技术时将出现的情形。这种增加的国际服务外包技术转移，实际上就是发包方外包的服务任务不再只是价值链上的低端服务任务外包。

根据前文假设发包国和承包国之间的技术差距为 λ，由于技术差距的存在使两国在劳动力投入上出现差距。按照前文有关成本的分析，当两个国家之间存在 λ 的技术差距而没有发生技术转移时，在国际服务外包下技术型劳动力价格变化后的边际成本为：

$$\widetilde{c}_m = (a_{Lm}^{N1} + a_{Lm}^{N2})\delta_1 w_S + \lambda a_{Hm}^{N2} \widetilde{h}_S \int_0^k \delta(k)\,dk + (1-k)a_{Hm}^{N2}\widetilde{h}_N + a_{Hm}^{N3}\widetilde{h}_N \qquad (3-16)$$

当国际服务外包中发包方向承包方进行了技术转移，承包方获取了技术转移的溢出效应后实现技术水平的提升，从而缩小了与发包方之间的技术差距。假设此过程中转移的技术水平为 θ，与制造外包相似，由于在国际服务外包时发包方与承包方在国际市场中也会存在竞争，所以在国际服务外包中与国内服务外包不同，国际服务外包中不会出现两个国家技术使用同样技术的情形，即 $(\lambda - \theta) > 0$。则获取技术转移后在国际服务外包下技术型劳动力价格变化后的边际成本为：

$$\widetilde{c}'_m = (a_{Lm}^{N1} + a_{Lm}^{N2})\delta_1 w_S + (\lambda - \theta)a_{Hm}^{N2}\widetilde{h}_S \int_0^k \delta(k)\,dk + (1-k)a_{Hm}^{N2}\widetilde{h}_N + a_{Hm}^{N3}\widetilde{h}_N$$

$$(3-17)$$

所以，通过没有技术转移的式（3 - 16）和发生技术转移后的式（3 - 17），可以得到两者之间的差值为 $\Delta \tilde{c}_m = \tilde{c}_m - \tilde{c}'_m = \theta a_{Hm}^{N2} \tilde{h}_S \int_0^k \delta(k) \, dk > 0$，这说明在国际服务外包中通过向承包国转移技术，缩小双方的技术差距有利于服务外包产品边际成本的降低，从而增加国际服务外包的收益。国际服务外包时虽然技术型劳动力的工资水平增加，实际上两国的技术型劳动力的工资差距随着国际服务外包的发生可能不是缩小很多。一是由于国际服务外包的发包国本身是技术先进的国家，不同于制造外包，发包国在进行国际服务外包时还有很多价值链上的服务任务是在发包国完成的，而且这些任务是技术含量更高的高端服务任务。把一些价值链中的低端服务任务外包后，发包国减少的技术劳动力需求会少于在承包国创造的就业机会。由于 $\Delta H_S > \Delta H_N$，即通过国际服务外包发包国增加的技术型劳动力的供给量小于承包国增加的技术型劳动力的需求量，因此发包国技术型劳动力工资下降的趋势也没有那么明显。二是承包国本身技术型劳动力就相对稀缺，增加的对技术型劳动力的需求正好吸收了这部分相对闲置的技术型劳动力，也使工资水平上升并不明显。基于以上原因，国际服务外包两国的技术型劳动力工资差距随着外包的发展可能变化不大，但即便如此，国际服务外包中的技术转移仍然可以增加国际服务外包的收益。

因此，可以得到本章的第二个理论命题：

命题2：随着国际服务外包的深化，发包国技术型劳动力工资有下降趋势，而承包国技术型劳动力的工资有上涨的趋势，服务发包双方的技术型劳动力工资差距在减小，这会减少价值链上低端国际服务外包的数量；通过增加国际服务发包国技术转移的数量，提高价值链上高端服务任务外包的可能性，降低双方之间的技术差距，有利于国际服务外包收益的增加。

2. 国际服务外包的相对价格效应

当国家 G_N 的企业把价值链中的整个第一区段和部分第二区段服务外包到国家 G_S 进行生产后，同时考虑在国际服务外包中转移技术 θ。随着国际服务外包中技术的外溢，考虑到国际服务外包的要素价格效应和技术转移效应后，在临界的

国际服务外包阶段 k 两个地区相同的成本条件，式（3 – 2）可以重新表示为：

$$a_{Hmk}^{N2}\widetilde{h}_N = (\lambda - \theta)\delta(k)a_{Hmk}^{N2}\widetilde{h}_S \tag{3-18}$$

在国际外包服务任务中，生产一单位 x_m 的边际成本式（3 – 6）变为：

$$\widetilde{c}_m = (a_{Lm}^{N1} + a_{Lm}^{N2})\delta_1 w_S + (\lambda - \theta)\varphi(k)a_{Hm}^{N2}\widetilde{h}_N + a_{Hm}^{N3}\widetilde{h}_N \tag{3-19}$$

式（3 – 19）中，$\varphi(k) = \dfrac{\int_0^k \delta(k)\,dk}{\delta(k)} + (1 - k)$。

在国际服务外包下与没有国际服务外包时相比节省的成本 $\Delta\widetilde{c}_m$ 为：

$$\Delta\widetilde{c}_m = a_{Hm}^{N2}\Delta\widetilde{h}_N + \left(k - \frac{\int_0^k \delta(k)\,dk}{\delta(k)}\right)(\lambda - \theta)a_{Hm}^{N2}\widetilde{h}_N + a_{Hm}^{N3}\Delta\widetilde{h}_N \tag{3-20}$$

式（3 – 20）中，$\Delta\widetilde{h}_N = h_N - \widetilde{h}_N$，由于 $\widetilde{h}_N < h_N$ 可以得到 $\Delta\widetilde{h}_N > 0$。同时由于 $w_N \geqslant \delta_1 w_S$，可得到 $w_N - \delta_1 w_S > 0$，又由于 $\varphi(k) < \varphi(0)$，所以 $k - \dfrac{\int_0^k \delta(k)\,dk}{\delta(k)} > 0$。综上所述，式（3 – 20）中 $\Delta\widetilde{c}_m > 0$，说明国际服务外包时国家 G_N 的企业把价值链上的第二区段中的服务任务的 $[0, k]$ 部分外包给另一个国家 G_S 的企业，则价值链上的第二区段和第三区段中的服务任务的 $[k, 1]$ 部分留在国家 G_N 的企业时，虽然会引起发包国与承包国要素价格的变化，但是通过技术转移仍然能够节省单位生产的边际成本。

结合国内服务外包时的价格变化方程式（3 – 8），在国际服务外包下的价格下降方程为：

$$\Delta\widetilde{P}_m = \frac{\sigma}{\sigma - 1}\Delta\widetilde{c}_m = \frac{\sigma}{\sigma - 1}\left[a_{Hm}^{N2}\Delta\widetilde{h}_N + \left(k - \frac{\int_0^k \delta(k)\,dk}{\delta(k)}\right)(\lambda - \theta)a_{Hm}^{N2}\widetilde{h}_N + a_{Hm}^{N3}\Delta\widetilde{h}_N\right]$$

$$\tag{3-21}$$

当国家 G_N 的企业把价值链上第一区段和第二区段中的制造任务及部分服务任务外包国外的企业完成时，由于国际服务外包生产导致的成本节省使产品的价格下降了。

综上所述，可以得到本章的第三个理论命题：

命题3：随着国际服务外包导致的工资差距的变化，国际服务外包生产任务节省的边际成本在减少，但是通过向承包国转移价值链上更高位置的服务任务来转移技术，可以抑制由于工资变化而导致节省的边际成本减少的趋势，同时能够带来最终产品价格下降，从而产生更大的国际服务外包收益。

3. 国际服务外包的产业升级效应

就像在国内服务，通过分析不同变量对附加值的影响，可以间接地测度不同变量对以价值链位置为表现的产业升级效应。参考式（3－11）和式（3－12）价值链上承接国内服务外包的发包方和承包方的附加值公式，可以得到在考虑了国际服务外包对技术型劳动力价格的影响及技术转移后，承包方和发包方的附加值公式：

$$\widetilde{v}^N = \frac{\sigma}{\sigma - 1} \sum_{m=1}^{M} \left[(1-k) a_{Hm}^{N2} \widetilde{h}_N + a_{Hm}^{N3} \widetilde{h}_N \right] \widetilde{x}_m \tag{3-22}$$

$$\widetilde{v}^S = \frac{\sigma}{\sigma - 1} \sum_{m=1}^{M} \left[\underbrace{(a_{Lm}^{N1} + a_{Lm}^{N2}) \delta_1 w_S}_{\text{承接国际制造任务外包}} + \underbrace{a_{Hm}^{N2} (\lambda - \theta) \widetilde{h}_S \int_0^k \delta(k) dk}_{\text{承接国际服务任务外包}} \right] \widetilde{x}_m \tag{3-23}$$

与承接国内服务外包时相似，通过把国际服务外包的承接国与没有承接国际服务外包而只承接制造外包国的附加值相比较，来分析由于承接国际服务外包而带来的在价值链中附加值的变化。同时，也可以把承接国际服务外包与承接国内服务外包时的附加值相比较，来分析国际服务外包与国内服务外包所产生的产业升级效应的差距。通过式（3－23）可以得到承接国际服务外包与没有承接国际服务外包和承接国内服务外包时相比较的附加值变化公式为：

$$\Delta \widetilde{v}_1^S = \frac{\sigma}{\sigma - 1} \sum_{m=1}^{M} \left[a_{Hm}^{N2} (\lambda - \theta) \widetilde{h}_S \int_0^k \delta(k) dk \right] \Delta \widetilde{x}_m \tag{3-24}$$

$$\Delta \widetilde{v}_2^S = \frac{\sigma}{\sigma - 1} \left\{ a_{Hm}^{N2} \left[(\lambda - \theta) \widetilde{h}_S - \lambda h_S \right] \int_0^k \delta(k) dk \right\} \Delta \widetilde{x}_m \tag{3-25}$$

分别对国际服务外包与只承接国际制造任务外包而没有承接国际服务外包，以及与承接国内服务外包时相比的附加值变化，通过式（3－24）和式（3－25）

对 k 求一阶导数可得：

$$\frac{\partial \Delta \widetilde{\nu}_1^S}{\partial k} = \frac{\sigma}{\sigma - 1} \sum_{m=1}^{M} \left[a_{Hm}^{N2} (\lambda - \theta) \widetilde{h}_S \delta(k) \delta'(k) \right] \Delta \widetilde{x}_m \qquad (3-26)$$

$$\frac{\partial \Delta \widetilde{\nu}_2^S}{\partial k} = \frac{\sigma}{\sigma - 1} \left\{ a_{Hm}^{N2} \left[(\lambda - \theta) \widetilde{h}_S - \lambda h_S \right] \delta(k) \delta'(k) \right\} \Delta \widetilde{x}_m \qquad (3-27)$$

式（3-26）中，由于 $0 < \sigma < 1$，所以 $\frac{\sigma}{\sigma - 1} > 0$，前文的假设可知 $\delta(k) > 1$，$\delta'(k) > 0$，$(\lambda - \theta) \geq 0$，所以 $\frac{\partial \Delta \widetilde{\nu}_1^S}{\partial k} > 0$。也就是说承接国际服务外包地区的产业附加值与没有承接国际服务外包相比，随着承接国际服务外包数量的增加而增加，而且 $\frac{\partial \Delta \widetilde{\nu}_1^S}{\partial k} > 0$ 取决于国际服务外包中两个国家之间的技术差距 $(\lambda - \theta)$ 的大小，$(\lambda - \theta)$ 越大，即技术差距越大，承接国际服务外包产业升级效应越明显。

在式（3-27）中，由于 $\frac{\sigma}{\sigma - 1} > 0$，$\lambda > 1$，$\delta(k) > 1$，$\delta'(k) > 0$，但是 $(\lambda - \theta) \widetilde{h}_S - \lambda h_S$ 的符号是不确定的，当国际服务外包中技术水平差距 $(\lambda - \theta)$ 缩小时，$(\lambda - \theta) \widetilde{h}_S - \lambda h_S$ 可能会出现小于 0 的情形，此时 $\frac{\partial \Delta \widetilde{\nu}_2^S}{\partial k} < 0$，这说明随着国际服务外包的发生，如果技术差距缩小，国内服务外包的产业升级效应要优于国际服务外包；反之，当国际服务外包中技术水平差距 $(\lambda - \theta)$ 较大时，$(\lambda - \theta) \widetilde{h}_S - \lambda h_S$ 可能会出现大于 0 的情形，此时 $\frac{\partial \Delta \widetilde{\nu}_2^S}{\partial k} < 0$，这说明随着国际服务外包的发生如果技术差距较大，国际服务外包的产业升级效应要优于国内服务外包。所以，承接国际服务外包与承接国内服务外包相比，对承接地产业升级的贡献孰大孰小是不确定的，其取决于服务外包带来的技术水平差距 $(\lambda - \theta)$ 的变化，当国际服务外包带来技术差距缩小时承接国内服务外包对产业升级是有利的，当国际服务外包没有缩短技术差距甚至拉大技术差距时，承接国际服务外包对产业升级是有利的。

综上所述，从承接国际服务外包的产业升级效应的分析来看，国际服务外包的承接无疑是能够给承包国带来产业升级效应的。在承接国际服务外包时由于双方存在技术水平的差异，国际服务外包过程中必然会发生技术转移效应，带来技术溢出效果，从而缩短双方之间的技术差距，降低国际服务外包的产业升级效应。这个结论与国内外学者的研究并没有不同的地方，大部分国内外的学者都认为，承接国际服务外包对发展中国家来说是其获取技术和产业升级的最佳选择。但现实是承接国际服务外包就像承接制造外包一样，如果随着承包国的通过获取技术转移和自主创新而带来技术水平的不断提升，国际服务外包对承包国带来技术转移效应和产业升级效应在不断下降，进而阻碍承包国产业的进一步升级。这样来看，承接国际服务外包对产业升级的提升效应就没有承接国内服务外包明显，承接国内服务外包对承包国来说更加有利。这就要求我们在承接国际服务外包时能够获得效应的技术转移，提升自身的技术水平，同时在到达一定阶段后通过国内服务外包的发展带来的产业升级效应将是更加有利的。

　　因此，可以得到本章的第四个理论命题：

　　命题4：承接国际服务外包有利于承包方的产业升级，随着技术差距的缩小产业升级效应在不断减弱，产生承接国际服务外包的产业升级陷阱；如果在承接服务外包时技术差距较大，那么国际服务外包的产业升级效应要优于国内服务外包的产业升级效应，承接国际服务外包的产业升级陷阱效应在下降，反之国内服务外包的产业升级效应要优于国际服务外包，承接国际服务外包的产业升级陷阱效应在上升。

本章小结

　　本章中借鉴 Grossman（2006）的任务贸易模型的分析框架，一方面将服务任务引入任务贸易模型的分析中，并把任务贸易的对象分为了国内和国际的任务贸易，同时把劳动力分为技能型和技术型两种形式，阐述并分析国内服务外包和国际服务外包的产业升级效应。另一方面是把价值链上的产品生产阶段划分为三个区段制造任务区段、制造—服务任务区段和服务任务区段，而目前我国承接服务外包主要发生在第二区段，并且每个区段中的不同任务使用不同类型的劳动力也是本章中理论模型分析的一个创新。通过具体的数理模型推导我们认为：

第一，承接国内服务外包有利于承包方的产业升级，同时产业升级效应并不取决于发包方和承包方之间的技术差距。

第二，随着国际服务外包的深化，发包国技术型劳动力工资有下降趋势，而承包国技术型劳动力的工资有上涨的趋势，服务发包双方的技术型劳动力工资差距在减小，这会减少价值链上低端国际服务外包的数量；通过增加国际服务发包国技术转移的数量，提高价值链上高端服务任务外包的可能性，减小双方之间的技术差距，有利于国际服务外包收益的增加。

第三，随着国际服务外包导致的工资差距的变化，国际服务外包生产任务节省的边际成本在减少，但是通过向承包国转移价值链上更高位置的服务任务来转移技术，可以抑制由于工资变化而导致节省的边际成本减少的趋势，同时能够带来最终产品价格的下降产生更大的国际服务外包收益。

第四，承接国际服务外包有利于承包方的产业升级，随着技术差距的缩小，产业升级效应在不断降低，产生承接国际服务外包的产业升级陷阱；如果在承接服务外包时技术差距较大，那么国际服务外包的产业升级效应要优于国内服务外包的产业升级效应，承接国际服务外包的产业升级陷阱效应在下降，反之国内服务外包的产业升级效应要优于国际服务外包，承接国际服务外包的产业升级陷阱效应在上升。

附录 A 式（3 – 2）到式（3 – 3）的证明

假设第二区段的服务任务可以分为 k 个阶段，每个阶段的技术型劳动力投入是相等的，即对任意的 k' 和 $k'' \in [0, 1]$，有 $a_{Hmk'}^{N2} = a_{Hmk''}^{N2}$ 成立，因此有，$a_{Hmk}^{N2} = a_{Hm}^{N2} dk$ 成立，所以式（3 – 2）变为：

$$a_{Hm}^{N2} dk h_N = \lambda \delta(k) a_{Hm}^{N2} dk h_S \qquad (A-1)$$

式（A – 1）两边同时除以 dk 可得式（3 – 3）：

$$a_{Hm}^{N2} h_N = \lambda \delta(k) a_{Hm}^{N2} h_S$$

附录 B 式（3 – 8）到式（3 – 10）的证明

一、消费者行为

对于本章中的市场价格变化和地区企业附加值的计算公式，参考 Grossman（2006）的推导过程，假设一个经济中有两类产品：一类是同质产品 x_0，另一类是差异性产品 $X = (x_1, x_2, \cdots, x_M)$。参照 Dixit – Stiglitz（1977）的 DS 模型（垄断竞争模型），假设用 C – D 函数表示消费者消费两类产品可以获取的效用，并且两种产品消费的支出比例之和为 1，而消费者对差异性产品 $X = (x_1, x_2, \cdots, x_M)$ 的效应符合 CES 函数形式，则两个地区消费者的效应函数形式可以表示为：

$$U = x_0^{1-\mu} X^\mu, \quad X = \left[\sum_{m=1}^{m=M} (x_m)^{\frac{\sigma-1}{\sigma}} \right]^{\frac{\sigma}{\sigma-1}}$$

$$p_0 x_0 + \sum_{m=1}^{m=M} p_m x_m \leqslant y \tag{B-1}$$

式（B-1）中，μ 表示消费者在差异性产品中的支出占总支出的比重，σ 表示每种差异性产品之间的替代弹性，$0 < \sigma < 1$ 表明每种差异性产品之间具有不完全替代性，而且 σ 是常数，因为在 CES 函数中差异性产品是不变替代弹性的；p_m 表示消费者消费的第 m 中差异产品 x_m 的价格；p_0 表示消费的 x_0 产品的价格；y 表示消费者的劳动收入。

假设消费者的偏好是严格的凸偏好，则在此效用函数下消费者的最大化问题表述为：

$$\max\ U = x_0^{1-\mu} \left[\sum_{m=1}^{m=M} (x_m)^{\frac{\sigma-1}{\sigma}} \right]^{\frac{\mu\sigma}{\sigma-1}}$$

$$\text{s. t.}\ p_0 x_0 + \sum_{m=1}^{m=M} p_m x_m \leqslant y \tag{B-2}$$

求解式（B-2）最大化问题的方法参考 Fujita 等（1999）的做法。转化为两步来求解式（B-2）的最大化。第一步，求解消费者在差异性产品支出的约束下，达到效用最大化时的差异性产品 $X = (x_1,\ x_2,\ \cdots,\ x_M)$ 最优消费量，即求解式（B-3）的最大化问题：

$$\max\ X = \left[\sum_{m=1}^{m=M} (x_m)^{\frac{\sigma-1}{\sigma}} \right]^{\frac{\sigma}{\sigma-1}}$$

$$\text{s. t.}\ \sum_{m=1}^{m=M} p_m x_m = E \tag{B-3}$$

根据式（B-3），构建如下拉格朗日函数为：

$$L(x_m,\ \lambda) = \left[\sum_{m=1}^{m=M} (x_m)^{\frac{\sigma-1}{\sigma}} \right]^{\frac{\sigma}{\sigma-1}} - \lambda \left(\sum_{m=1}^{m=M} p_m x_m - E \right) \tag{B-4}$$

对式（B-4）求一阶导数可以得到：

$$\frac{\partial L(x_m,\ \lambda)}{\partial x_m} = \left[\sum_{m=1}^{m=M} (x_m)^{\frac{\sigma-1}{\sigma}} \right]^{\frac{1}{\sigma-1}} x_m^{\frac{1}{\sigma}} - \lambda p_m = 0 \tag{B-5}$$

$$\frac{\partial L(x_m,\ \lambda)}{\partial \lambda} = \sum_{m=1}^{m=M} p_m x_m - E = 0 \tag{B-6}$$

由式（B-5）可得：

$$\frac{p_m}{p_k} = \left(\frac{x_m}{x_k}\right)^{\frac{-1}{\sigma}} \Rightarrow x_m = \left(\frac{p_m}{p_k}\right)^{\sigma} x_k \tag{B-7}$$

将式（B-7）代入式（B-6）可得：

$$x_m = \frac{p_m^{-\sigma}}{\sum\limits_{k=1}^{M} p_k^{1-\sigma}} E \tag{B-8}$$

式（B-8）可以写成：

$$x_m = \left(\frac{p_m}{G}\right)^{-\sigma} \frac{E}{G}, \ 其中 \ G = \left(\sum\limits_{m=1}^{M} p_m^{1-\sigma}\right)^{\frac{1}{1-\sigma}} \tag{B-9}$$

式（B-8）或式（B-9）表示的是 m 产品的需求函数，G 表示差异性产品的总体价格指数。

第二步求在消费者收入 y 的约束下，同质品和差异性产品的选择实现效用最大化的问题，即：

$$\max U = x_0^{1-\mu} X^{\mu}$$

$$s.t. \ p_0 x_0 + G \cdot X \leqslant y \tag{B-10}$$

根据式（B-10），构建如下拉格朗日函数为：

$$L(x_0, X, \lambda) = x_0^{1-\mu} X^{\mu} - \lambda(p_0 x_0 + G \cdot X - y) \tag{B-11}$$

对式（B-11）求一阶导数可以得到：

$$\frac{\partial L(x_0, X, \lambda)}{\partial x_0} = (1-\mu) x_0^{-\mu} X^{\mu} - \lambda p_0 = 0 \tag{B-12}$$

$$\frac{\partial L(x_0, X, \lambda)}{X} = \mu x_0^{1-\mu} X^{\mu-1} - \lambda G = 0 \tag{B-13}$$

$$\frac{\partial L(x_0, X, \lambda)}{\partial \lambda} = p_0 x_0 + G \cdot X - y = 0 \tag{B-14}$$

由式（B-12）和式（B-13）可得：

$$\frac{X}{x_0} = \frac{\mu}{1-\mu} \cdot \frac{p_0}{G} \tag{B-15}$$

将式（B-15）代入式（B-14）可得 $X = \mu \dfrac{y}{G}$，代入式（B-9）可得差异性产品的需求函数为：

$$x_m = \left(\frac{p_m}{G}\right)^{-\sigma} \frac{\mu y}{G}, \text{ 其中 } 1 \leqslant m \leqslant M \tag{B-16}$$

从需求函数式（B-16）可以看到，消费者对差异性产品的需求与其总体价格成反比，差异性产品的需求价格弹性为 σ，与差异性产品各自的价格指数同方向变化，这意味着若其他替代产品的价格提高，对本商品的需求也随之增加，与消费者用在差异性产品上的支出比例同方向变化，与消费者收入同方向变化。

二、生产者行为

与在本章正文中分析的相似，产品生产只有一种劳动投入，劳动也是有技能型和技术型两种，不同的是在本部分分析中假设差异性产品 x_m 的生产是技术型劳动力密集型产品[①]，同质产品 x_0 是技能型劳动力密集型产品。同样存在两个地区，地区 G_N 是技术型劳动力丰富的，而地区 G_S 是技能型劳动力丰富的。差异性产品只有地区 G_N 能够生产，而同质产品两个地区都可以生产。与本书的假设相同，地区 G_N 生产一单位差异性产品 x_m 的劳动投入为 a_{Lm}^N 和 a_{Hm}^N，每个地区假设生产同质产品需要技能型和技术型劳动力的投入为 L 和 H，由于同质产品生产不存在技术差距，两个地区都能生产，所以假设两个地区同质产品生产函数是相同的。因此，在开放条件下，地区 G_N 生产差异性产品，地区 G_S 生产同质产品。

参考黄玖立（2006）的做法，假设同质产品的生产函数具有不变规模报酬的 C-D 生产函数 $x_0 = AL_S^\theta H_S^{1-\theta}$，其中 θ 为技能型劳动力的产出贡献份额，A 是同质产品生产率。同质产品生产的工资水平为 $w_S = A\left(\dfrac{H}{L}\right)^{1-\theta}$，$h_S = A\left(\dfrac{L}{H}\right)^{\theta}$。

地区 G_N 的企业生产差异性产品，根据 DS 模型，企业在生产时追求利润最

[①] 这个与本书中的假定不同，但是在附录中只是找出价格的表达式，所以这样假设并不会影响结果。

大化，同时差异性产品的生产过程中的成本包括固定成本 F_m 和边际成本 c_m。Navaretti 和 Venables（2004）认为差异性产品的边际成本是固定的，根据假设地区 G_N 生产一单位差异性产品 x_m 的技能型和技术型劳动投入为 a_{Lm}^N 和 a_{Hm}^N，所以企业的平均可变成本和边际成本相等，则地区 G_N 生产一单位差异性产品 x_m 的平均成本为 $c_m + \dfrac{F_m}{x_m}$。在企业差异性产品生产的支出 E_m 和行业价格水平 G 不变的条件下，参考 Navaretti 和 Venables（2004）中有关差异性产品企业在给定其需求函数的情况下 ［见式（B–16）］，其边际收益的表示方法为：

$$MR_m = \frac{\partial R_m}{\partial x_m} = p_m \left(1 - \frac{1}{\varepsilon_m}\right) = p_m \frac{\sigma - 1}{\sigma} \tag{B-17}$$

式（B–17）中，ε_m 表示需求价格弹性，根据式（B–16）的需求函数可知差异性产品的需求价格弹性为 σ，所以得到了式（B–17）第二个等号后的内容。

在垄断竞争条件下，按照企业边际收益等于边际成本的利润最大化原则，企业自由进入直到平均成本等于价格，即厂商均衡条件下的最优产出和价格为：

$$MR_m = p_m \frac{\sigma - 1}{\sigma} = c_m \Rightarrow p_m = \frac{\sigma}{\sigma - 1} c_m \tag{B-18}$$

$$p_m = c_m + \frac{F_m}{x_m} \Rightarrow x_m = (\sigma - 1) \frac{F_m}{c_m} \tag{B-19}$$

由式（B–18）可知，生产一单位 x_m 产生的附加值为：

$$v_m = p_m \cdot 1 = \frac{\sigma}{\sigma - 1} c_m \tag{B-20}$$

根据本章理论分析，通过把价值链上第一区段和第二区段的制造任务和第二区段的部分服务任务外包，来完成最终产品的生产时，生产一单位 x_m 所增加的成本，即边际成本式（3–6）为：

$$c_m = \underbrace{(a_{Lm}^{N1} + a_{Lm}^{N2}) \delta_1 w_S}_{\text{制造任务边际成本}} + \underbrace{\lambda a_{Hm}^{N2} h_S \int_0^k \delta(k)\,dk}_{\text{承包方服务任务边际成本}} + \underbrace{(1-k) a_{Hm}^{N2} h_N + a_{Hm}^{N3} h_N}_{\text{发包方服务任务边际成本}}$$

所以由式（3–6）和式（B–20）可得：

$$v_m = \frac{\sigma}{\sigma - 1} \Big[\underbrace{(a_{Lm}^{N1} + a_{Lm}^{N2}) \delta_1 w_S}_{\text{承接制造任务部分}} + \underbrace{\lambda a_{Hm}^{N2} h_S \int_0^k \delta(k) dk}_{\text{承包方服务任务部分}} + \underbrace{(1 - k) a_{Hm}^{N2} h_N + a_{Hm}^{N3} h_N}_{\text{发包方服务任务部分}} \Big]$$

$$(\text{B} - 21)$$

因此，由式（B-21）可得服务外包中，发包方和承包方各自在价值链上实现一单位 x_m 生产时所产生的附加值为：

$$v_m^N = \frac{\sigma}{\sigma - 1} \Big[(1 - k) a_{Hm}^{N2} h_N + a_{Hm}^{N3} h_N \Big]$$

$$v_m^S = \frac{\sigma}{\sigma - 1} \Big[(a_{Lm}^{N1} + a_{Lm}^{N2}) \delta_1 w_S + \lambda a_{Hm}^{N2} h_S \int_0^k \delta(k) dk \Big]$$

第四章　我国承接国际服务外包陷阱的产生机理：价值链视角下的实证分析

在本书第二章中通过现实中服务外包与产业升级的相关经验数据，来研究价值链下服务外包与承接国际服务外包的产业升级效应的现状。首先，介绍了价值链下对服务外包与产业升级的测度方法，主要从承接方的角度测度我国服务外包水平，采用 Hummels 等（2001）利用垂直专业化指数的方法来构建测度我国服务外包的计算公式。同时在构建测度我国服务外包的计算公式时，在第二章中还创新性地区分了国际服务外包与国内服务外包的测度。其次，对产业升级进行测度，由于本书在价值链视角下测度产业升级，所以主要以附加值表示的产业所处价值链位置为主要方法。最后，利用经验数据对我国承接服务外包水平与产业升级的现状进行了经验分析。通过第二章的经验分析发现，我国虽然整体上承接服务外包水平偏低，尤其是承接国内服务外包，但是从纵向上来看我国承接国际服务外包和国内服务外包的水平都是不断增长的，尤其是进入 2015 年以后，承接国际服务外包和国内服务外包的增长速度更快。从产业升级的现状来看，无论是价值链位置还是产业结构特征，都处于产业发展的低端水平，需要不断进行产业升级以获取更高的附加值和产业的可持续发展。同时也可以看到，与承接服务外包一样，我国产业升级也在不断进行，价值链位置不断攀升，尤其是进入 2008 年后，产业升级速度加快，价值链位置攀升明显。那么承接服务外包水平加速增长与我国产业升级之间是否存在一定的关联性呢？

第三章是在第二章的经验分析的基础上，通过构建理论模型对第二章中通过经验分析得出的问题进行了回答，分析了价值链分工下承接国际服务外包的产业升级陷阱效应。通过数理模型分析发现，承接服务外包具有产业升级效应，但是这种升级效应受很多条件的制约。同时，研究还发现承接国际服务外包与承接国内服务外包具有不同的产业升级陷阱效应。

因此，本章希望进一步从实证分析的角度探究承接国际服务外包的产业升级陷阱效应，利用统计数据结合计量分析方法，对第三章中通过数理模型分析得出的结论进行实证检验。具体是依据第三章数理模型分析得出承接服务外包的产业升级效应三个方面的理论假设，即服务外包的产业升级效应的理论假设、承接国际服务外包的产业升级效应理论假设和承接国际服务外包的产业升级陷阱效应的理论假设。然后利用我国的统计数据，运用计量分析方法对相关理论假设进行验证。

第一节　服务外包产业升级效应
实证分析的研究综述

一、服务外包效应实证研究综述

国外有关服务外包的产业升级效应的实证研究并不是太多，主要是由于国外的产业升级已经完成，很多研究的视角都不再关注产业升级的相关内容，所以国外把服务外包的产业升级效应进行实证研究的文献比较少。早期有些学者关注服务外包对发包国家的产业结构变动的实证研究，但是国外对服务外包其他效应的实证研究还是比较多的，如服务外包就业效应的实证分析和服务外包技术效应的实证分析等。

早期国外对于服务外包产业升级的实证分析主要集中于两个领域：一是研究承接服务外包对承接服务外包产业结构影响的存在性，如 Amiti 等（2005）首先利用美国服务外包的数据分析服务外包对生产率的影响，研究认为服务外包促进了劳动生产率的提高，进而分析了服务外包对承接国家的产业结构影响，研究也发现服务外包能够进一步带来承接国家产业结构水平的提升。Farrell（2005）通过承接服务外包国家就业和工资的数据分析，研究认为承接服务外包能够创造更多的就业和社会价值，从而间接地带来产业的升级。二是研究承接服务外包对产业升级产生怎样的影响，服务外包对产业升级的影响机制。Mankiw 等（1992）通过构建模型并进行数据分析研究了人力资本在服务外包产业升级中的作用，研究认为由于服务外包需要从业人员的素质较高，为了更好地承接服务外包必须加大人力资本的投资，提高人力资本的存量，人力资本水平的上升必然会带来产业的升级。Deardorff 和 Djankov（2000）研究认为承接服务外包带来的产业升级效应是通过技术水平的提升为途径来实现的，承接服务外包提高技术水平，技术水平的提升带来产业升级。

虽然服务外包产业升级效应的实证研究较少，但是有关服务外包带来的其他效应的研究国外还是相对比较多的。Linda Andersson 和 Patrik Karpaty（2007）利用瑞典 1997～2002 年进口中间服务制造业企业层面的数据，研究了离岸服务外包对低技能、中等技能和高技能劳动力的就业效应，研究发现离岸服务外包会对承接服务外包的发展中国家的高技能劳动力需求增加，而承接来自瑞典服务外包的高收入国家则相反，但是对瑞典本国内的劳动力就业效应较小。Mary Amiti 和 Karolina Ekholrn（2006）实证分析了欧盟国家的服务外包对本国就业的影响，服务外包对本国就业的效应取决于各国劳动力市场具体的情形。具体来说，如果一个国家的劳动力市场具有很高的刚性，那么服务外包对劳动力就业具有抑制作用，反之则具有促进作用。当然也有很多国外学者研究认为服务外包对发包国家的就业具有促进作用，如 Devashish Mitra 和 Priya Ranjan（2007）通过构建两部门均衡模型，并利用美国的数据进行分析，研究发现美国的服务外包使美国产生了更多的新就业机会，降低了失业率。Mann（2004）利用美国 IT 产业的数据分析得出，IT 产业的服务外包为美国 IT 产业提供了更多的就业机会，所以得出结论认为 IT 产业的服务外包不会对美国的 IT 产业就业产生不利影响。Holger Görg 和 Aoife Hanley（2005）则从短期和长期的角度实证研究了服务外包对发包国就业的影响，研究认为短期的服务外包对发包国的就业具有不利的影响，而长期的服务外包对发包国的就业则具有有利的影响。

国外学者有关服务外包效应的另一个研究方向为服务外包技术效应的实证分析，如从承接服务外包视角下的研究来看，Farrell 和 Zainulbhai（2004）通过实证分析了印度承接服务外包部门的技术变化，研究发现承接服务外包有利于部门技术水平的提升。Rafiq Dossani 和 Martin Kenney（2007）研究了印度互联网产业承接服务外包的数据，通过分析认为承接互联网产业的服务外包使印度获得了大量跨国公司的技术，提升了技术和产品附加值，印度软件产业逐渐沿价值链攀升。也有学者从服务发包方的角度实证研究服务外包的产业升级效应，如 Ashish Arora 和 Alfonso Gambardella（2004）研究美国服务外包对其技术水平的影响，研究认为美国的服务外包并不会影响其技术地位，反而会带动经济增长和技术水平的提升。Deo 等（2005）通过实证分析服务外包、研发和创新的关系发现，服务外包在技术发生转移的同时也会带动新产业的出现和创新岗位的产生，因此不会威胁发包国的技术水平。

国内学者对服务外包效应的实证研究从 2004 年之后出现了很多。其主要是从两个方面研究：一是从我国作为承接国视角下的实证研究，如江小涓（2008）研究认为承接服务外包可以通过示范效应、规模效应和产业关联效应等产生对我国的技术溢出效应。任志成和张二震（2008）实证分析了承接服务外包对我国就业的影响，研究认为我国承接服务外包能够提高就业水平和工资水平，特别重要的是能够提高劳动者的技能水平。李元旭和谭云清（2010）实证研究了承接服务外包对我国技术创新的影响，研究认为承接服务外包能够为我国技术创新能力的提升提供更多的机会。二是从我国作为服务发包者的角度进行实证分析产生的效应，如刘海云和唐玲（2009）利用我国的投入产出表数据实证分析了服务发包对我国劳动生产率的影响，研究认为服务发包对我国劳动生产率具有促进作用，而且作用要大于物质外包。唐玲（2009）通过我国的投入产出表首先测算了我国不同行业的服务外包，其次分析了各行业服务外包水平的差异，并进一步提出了提高我国服务外包水平的政策建议。霍景东和黄群慧（2012）利用我国的投入产出表计算了 22 个行业的服务外包水平，并利用面板数据分析了影响服务外包的因素，研究认为企业规模、劳动生产率、所有制结构和金融水平对服务外包都具有影响。

二、价值链下产业升级的实证研究综述

在本书第二章中把价值链下的产业升级界定为价值链附加值的增加及价值链的攀升，有关制造业攀升全球价值链的研究，国内外有非常丰富的研究成果。大多数国外学者的研究都认为价值链攀升都是要遵循一定的路径，Amsden（1989）首次提出了在全球分工下新兴市场如何实现产业链升级，认为新兴国家产业链升级的主要途径是由代工向研发转变，最终建立自主品牌。Hobbday（2000）利用新兴市场"四小龙"作为研究对象，验证了从代工到研发再到自主品牌的新兴市场产业链升级路径。Kaplinsk 和 Morris（2008）研究认为在全球分工下，跨国公司的产业转移能够通过外包、培训等帮助接受方企业实现升级，攀升全球价值链。

国外从产品分工的视角下研究发展中国家价值链攀升的文献并不常见，Sim（2004）的文献中涉及了产品内分工下发展中国家价值链的攀升，通过构建开放欠发达的小国模型分析了价值链攀升的影响因素，国内学者赵海燕（2009）利用该模型提出了两个假说，并通过 40 个发展中国家的数据进行了实证分析。Memedovic（2004）研究发现新兴市场"四小龙"正是通过参与产品内分工获得机遇，与美国等发达国家进行分工合作获得价值链的攀升。

国内学者对我国价值链攀升的研究成果也是非常丰富的，朱有为等（2005）指出在价值链模块化的国际分工格局下，我国应该抓住世界制造业价值链模块化的机遇，积极参与到国际制造业高端价值环节的分工中来。陶峰和李诗田（2008）利用广东电子信息制造业105个企业的数据，研究认为知识溢出和学习效应是代工企业价值链攀升的主要影响因素。毛蕴诗等（2009）研究认为制度环境是代工企业价值链攀升的重要影响因素。周彩红（2009）利用长三角制造业的数据实证研究了产业价值链攀升的影响因素，认为技术创新、国际分工、外商直接投资和贸易等要素影响制造业价值链的攀升。

三、价值链视角下服务外包的产业升级效应实证分析综述

在价值链的视角下实证研究服务外包产业升级效应的文献并不多见，但是有些文献从案例分析和理论分析的角度研究了服务外包对产业升级的影响。例如，Gereffi 等（2005）通过对香港服装产业发展过程的研究发现，香港在承接服务外包的过程中通过贴牌生产到自主设计实现了产业在价值链中的升级。Feenstra（1998）从生产垂直分离的角度研究认为，随着一体化程度的加深，发达国家服务环节的外包分离，使发展中国家有了融入全球价值链的机会，但是这种融入一般都是从价值链中的低附加值环节开始的。国内学者卢锋（2007）基于产品内分工视角对服务外包进行经济分析，研究认为服务外包时企业行为在现实分工条件下一直深化。国内也有学者从服务业的角度研究制造业价值链攀升，认为生产性服务业是制造业价值链攀升获取市场势力的关键。周鹏等（2010）利用我国的投入产出表研究了生产性服务业和制造业价值链攀升的相关性，发现生产性服务业发展能够使制造业价值链内的相关成本降低、深化分工和促进创新。刘明宇等（2010）分析了生产性服务业嵌入价值链与制造业价值链攀升的协同关系，认为从事生产性服务和制造业的企业之间要形成一定的社会关系，通过信息和知识的共享提高价值链的整体效率。

从国内外有关服务外包的产业升级效应相关实证研究来看，国内外对于服务

外包的就业效应和技术扩散效应的实证研究成果较多，但是对于服务外包产业升级效应的实证研究相对较少，尤其是针对我国承接服务外包情形的实证研究。就价值链下产业升级效应的实证研究来看，国内外都有丰富的研究成果，而且实证研究方法相对比较成熟。但是结合价值链研究服务外包产业升级效应的实证研究就不多见了，尤其是针对我国在价值链分工下承接服务外包产业升级效应的实证研究更是非常少，更不要说把承接服务外包分为国际服务外包与国内服务外包，把价值链分为全球价值链和国内价值链，来对产业升级效应进行实证研究，这样的实证研究思路基本是空白的。因此，本章结合第三章的数理模型分析，提出在价值链分工视角下我国承接服务外包产业升级陷阱的相关理论命题假说，并利用我国产业的面板数据进行实证分析，找出承接服务外包促进产业升级的合理发展路径。

第二节　理论假设、变量选择与计量模型构建

一、理论假设

在第三章通过构建理论模型分析了价值链分工下，服务外包对产业升级的影响。通过构建模型分析的经济背景来直观介绍模型所处的经济环境，并设立相关假设条件，在静态均衡的框架下对模型进行了分析。通过分析不同参数和情形下的模型均衡状态发现，价值链下的国内服务外包有助于产业升级的实现，而且这种产业升级效应并不取决于发包企业和承包企业之间技术水平的关系。随后拓展分析劳动力价格变化时的国际服务外包，研究价值链下承接国际服务外包的产业升级效应。在研究的基础上前文得出了四个基本的理论命题，在本章中将依据这些理论命题得出价值链下服务外包产业升级效应的理论假设，作为检验对象进行

实证分析。

第三章中的命题1主要是价值链下承接国内服务外包的产业升级效应的相关结论，从命题1可以看出，承接国内服务外包有利于承包方的产业升级，同时产业升级效应并不取决于发包方和承包方之间的技术差距。也就是说在国内服务外包时，不论双方的技术差距如何，承接国内服务外包都会带来产业升级效应。根据第三章的技术水平假设以及数理分析过程，此时所指的技术差距是一个虚拟的综合概念，不是指两企业之间的实际技术水平高低，其体现为企业劳动力生产率的差异。在我们抽象的模型分析中，只存在发包方和承包方的技术水平，所以发包方的技术水平就可以表述为世界最前沿的技术代表，技术差距表示的是承接服务外包企业的技术水平距离世界技术前沿的距离。因此，本章提出第一个理论假设：

假设1：承接国内服务外包与产业升级呈正相关，同时产业升级效应并不取决于发包方和承包方之间的技术差距。

第三章中的命题4主要是国际服务外包下的产业升级问题，与国内服务外包一样，承接国际服务外包与没有承接国际服务外包相比，有利于承包方的产业升级，但是如果承接国际服务外包时并没有因技术转移而带来技术水平的提升，那么国际服务外包的产业升级效应要小于国内服务外包的产业升级效应。也就意味着承接国际服务外包能够带来产业升级，但随着技术差距的缩短，国际服务外包的产业升级效应在变小。所以本章提出第二个理论假设：

假设2：承接国际服务外包与产业升级呈正相关，但是随着国际服务承包方的技术越接近世界技术前沿，承接国际服务外包的产业升级效应在下降。

在第三章的理论分析中命题4除了得到了国际服务外包的产业升级效应的相关结论，还可以看到有关两种服务外包产业升级效应的比较关系。从承接国际服务外包的产业升级效应的分析来看，国际服务外包的承接无疑是能够给承包国带来产业升级效应的。在承接国际服务外包时由于双方存在技术水平的差异，国际服务外包过程中必然会发生技术转移效应，带来技术溢出效果，从而缩短双方之间的技术差距，降低国际服务外包的产业升级效应。这个结论与国内外学者的研究并没有不同的地方，大部分国内外的学者都认为，承接国际服务外包对发展中国家来说是其获取技术和产业升级的最佳选择。但现实是承接国际服务外包就像承接制造外包一样，如果随着承包国通过获取技术转移和自主创新而带来技术水平的不断提升，国际服务外包对承包国带来技术转移效应和产业升级效应在不断下降，进而阻碍承包国产业的进一步升级。这样来看承接国际服务外包对产业升级的提升效应就没有承接国内服务外包明显，承接国内服务外包对承包国来说更加有利。这就要求我们在承接国际服务外包时要能够获得效应的技术转移，提升自身的技术水平，同时在到达一定阶段后通过国内服务外包的发展带来产业升级效应将是更加有利的。所以本章提出第三个理论假设：

假设3：服务承包方的技术越接近世界技术前沿，承接国际服务外包的产业升级陷阱越明显，承接国内服务外包的产业升级陷阱越不明显；服务承包方的技术越远离世界技术前沿，承接国际服务外包的产业升级陷阱越不明显，承接国内服务外包的产业升级陷阱越明显。

第三章中的理论分析中命题2和命题3主要是讲在价值链下承接国际服务外包时，由于引起国际服务外包双方技术型劳动力工资水平的变化，会导致国际服务外包收益的下降，而通过增加技术转移后可以弥补由于技术型劳动力工资水平的变化带来的国际服务收益的下降，从而增加外包双方收益。因此，在国际服务外包中，当双方的技术差距较大时，为了获取更多的外包收益和附加值，国际服务外包发包方会向承包方进行技术转移，而承包方也能够获取相应的技术溢出效应，从而带来更多的附加值增长，所以早期双方技术差距较大时，技术转移溢出是承接服务外包企业价值链攀升和所在整体产业升级的主要方式，这时并不存在明显的承接国际服务外包陷阱。但是当承包方技术水平不断增长，价值链位置不断攀升，对发包方的地位造成威胁后，发包方也许并不会为了短期的国际服务外包利益而牺牲其在价值链中的位置，这时对承包方来说不一定能够在承接国际服务外包中获取相应的技术溢出效应，就会产生承接国际服务外包的产业升级陷阱。那么如何才能进一步地弥补由于技术型劳动力成本上升带来的利益损失呢？

这时自主创新便是承接服务外包企业价值链攀升和所在整体产业升级的主要方式。这说明在不同的技术差距下承接国际服务外包产生的承接国际服务外包的产业升级陷阱机制不一样，技术水平较低的阶段主要靠技术溢出产生产业升级效应，技术水平到达一定高度后主要靠自主创新产生产业升级效应。这两个理论命题从侧面为我们分析承接国际服务外包时的产业升级机制提供了参考，承接国际服务外包的产业升级效应是通过技术转移溢出还是通过自主创新来实现的？还有一个需要关注的问题是，国内服务外包时，服务外包的产业升级机制是否也是这样的呢？综上所述得到本章的第四个和第五个理论假设：

假设4：当承接国际服务外包企业的技术水平远离世界技术前沿时，承接国际服务外包的产业升级陷阱的机制为技术转移溢出；当承接国际服务外包企业的技术水平接近世界技术前沿时，承接国际服务外包的产业升级陷阱的机制为自主创新。

假设5：当承接国内服务外包企业的技术水平远离世界技术前沿时，国际服务外包的产业升级机制为技术转移溢出；当承接国际服务外包企业的技术水平接近世界技术前沿时，国内服务外包的产业升级机制为自主创新。

二、变量设置

（一）被解释变量设置

根据本章中的文献综述提出的研究内容以及要验证的理论假设，本章拟选择以下变量作为计量分析的变量。本书研究的是服务外包下的产业升级效应，所以解释变量主要是对产业升级水平的度量。价值链视角下的产业升级度量在本书第二章中已经做了说明，即用价值链位置测度产业升级的计算方法，具体表示符号为GVC。计算公式和2009~2018年我国24个行业的计算结果已经在第二章中做了详细说明。

（二）解释变量设置

1. 服务外包水平变量

由本书要验证的假设可知，主要是验证承接服务外包对产业升级的影响，所以在构建计量方程时，主要的解释变量为承接服务外包水平，包括承接国际服务外包与国内服务外包。有关承接国际服务外包与国内服务外包变量的度量在前文已经有过说明，本章中所使用的变量度量方式和数据与本书第二章完全一样，在此就不再进行详细说明，具体符号为承接服务外包用 OSS 表示，承接国际服务外包用 EOSS 表示，承接国内服务外包用 IOSS 表示。

2. 技术水平差距变量

在本书第三章的数理分析和本章的假设中都提到了承接服务外包企业的技术水平差距对承接服务外包产生的产业升级效应的影响。技术水平差距本身就会影响以价值链位置表示的产业升级，同时还会影响服务外包的产业升级效应具体表现，所以在进行实证分析时计量方程中还要包含技术水平差距变量。在本章中的理论假设中对技术差距做了说明，其指的是承包方技术距离世界前沿技术的差距。现实中没有专门技术水平的度量指标，而且在本书第二章中所界定的技术水平不仅表示由于科技研发所形成的技术，还包含企业的市场经营与分析能力，企业内部管理能力等，是一个综合性的术语，表明企业的综合实力，而企业综合实力的提升具体可以表现为企业劳动生产率的提高，即技术水平高的企业劳动生产率高，劳动生产率可以在一定程度上间接表示技术水平。同时，本书以产业数据分析为基础进行分析，所以具体产业的技术水平度量用产业的劳动生产率来表示，在本章的实证分析中技术水平解释变量就用产业的劳动生产率来代替。在技术水平用产业的劳动生产率来代替的情形下，参照张少军和刘志彪（2013）的做法，与世界前沿技术水平差距的度量用我国产业的劳动生产率与 OECD 国家的劳动生产率之比来表示，具体符号为 PRO。

3. 产业升级机制变量

另外，本章假设 2 是验证承接服务外包的产业升级机制问题，主要有技术转移溢出和自主创新两种机制，所以为了验证这两种机制是否存在，本书提出分别用技术转移溢出和自主创新的变量来表示。技术转移溢出的度量目前并没有直接的指标，本章参照张宗庆和郑江淮（2013）的做法，他们把企业的创新活动分为产品创新和工艺创新下的原始创新意愿、集成创新意愿和消化吸收再创新意愿，他们认为原始创新体现自主研发的努力，集成创新和消化吸收再创新依赖于对先进技术的引进。由于本章中只涉及承接服务外包中的技术转移和承包企业自主创新两种行为，并且只分析产品创新问题，所以根据张宗庆和郑江淮（2013）的做法，在选择产业升级机制变量时本章的技术转移溢出变量用消化吸收再创新表示，自主创新变量用提到的原始创新变量表示。具体计算方法不同于张宗庆和郑江淮（2013）的做法，其用的是企业的调查数据，本章用的是产业统计数据，所以本章在选择对原始创新和消化吸收再创新的度量时，用 2009～2018 年的《中国科技统计年鉴》中的产业"R&D 经费支出"表示原始创新，用"引进服务类技术消化吸收经费支出"作为消化吸收再创新的度量。具体表示符号为：原始创新表示的承接服务外包自主创新为 NWI，消化吸收再创新表示的承接服务外包技术转移溢出为 WIM。

4. 控制变量

在计量方程中除了包含主要的核心解释变量之外还要有其他一些控制变量，这样可以使分析结果更加合理和准确。控制变量的选择一方面要保证不会产生多重共线性和自相关性，另一方面还要对价值链攀升表示的产业升级有影响。所以，在选择控制变量时，本章参考李强和郑江淮（2013）提出的价值链攀升的影响因素来设置解释变量。具体选择的解释变量如下：

（1）产业规模（IND）。用制造业各行业规模以上国有及非国有企业的工业产出指标进行度量，为了去除价格因素的影响，利用价格指数进行调整，具体的数据来自于 2009～2018 年的《中国工业经济统计年鉴》。

（2）人力资本水平变量（HUM）。参照人力资本度量通常使用的方法，本书中用各年高中毕业生数量进行度量，具体数据来自于 2009～2018 年的《中国统计年鉴》。

（3）制度环境（FRE）。度量制度环境用政府支持的程度来反映，政府支持力度大说明产业发展环境好，具体用制造业各行业中的政府支出科研经费来表示，具体的计算数据来自 2009～2018 年的《中国科技统计年鉴》。

（4）国际分工参与程度（*DIV*）。对国际分工参与程度的度量参照唐海燕和张会清（2009）比较简单的做法，利用制造业各行业的进出口总额来表示，为了去除价格因素的影响，利用价格指数进行调整，具体的数据来自于 2009～2018 年的《中国工业经济统计年鉴》。

三、计量模型构建

根据本章中所要验证的假设，以及本章中设置的被解释变量和解释变量，同时考虑本书中所用的数据为 2009～2018 年的 24 个行业的数据，符合面板数据的特征，本章建立以下的面板数据计量方程：

根据假设 1 的表述及要验证的结论，本章设置以下计量方程进行实证分析：

$$GVC_{it} = \alpha_0 + \alpha_1 IOSS_{it} + \alpha_2 IOSS_{it} \times PRO_{it} + \alpha_3 \ln IND_{it} + \alpha_4 \ln HUM_{it} + \alpha_5 \ln FRE_{it} +$$
$$\alpha_6 \ln DIV_{it} + \varepsilon_{it} \tag{4-1}$$

根据假设 2 的表述及要验证的结论，本章设置以下计量方程进行实证分析：

$$GVC_{it} = \alpha_0 + \alpha_1 EOSS_{it} + \alpha_2 EOSS_{it} \times PRO_{it} + \alpha_3 \ln IND_{it} + \alpha_4 \ln HUM_{it} + \alpha_5 \ln FRE_{it} +$$
$$\alpha_6 \ln DIV_{it} + \varepsilon_{it} \tag{4-2}$$

根据假设 3 的表述及要验证的结论，本章设置以下计量方程进行实证分析：

$$GVC_{it} = \alpha_0 + \alpha_1 EOSS_{it} \times PRO_{it}^2 + \alpha_2 EOSS_{it} \times PRO_{it} + \alpha_3 \ln IND_{it} + \alpha_4 \ln HUM_{it} +$$
$$\alpha_5 \ln FRE_{it} + \alpha_6 \ln DIV_{it} + \varepsilon_{it} \tag{4-3}$$

$$GVC_{it} = \alpha_0 + \alpha_1 IOSS_{it} \times PRO_{it}^2 + \alpha_2 IOSS_{it} \times PRO_{it} + \alpha_3 \ln IND_{it} + \alpha_4 \ln HUM_{it} +$$
$$\alpha_5 \ln FRE_{it} + \alpha_6 \ln DIV_{it} + \varepsilon_{it} \tag{4-4}$$

根据假设 4 的表述及要验证的结论，本章设置以下计量方程进行实证分析：

$$GVC_{it} = \alpha_0 + \alpha_1 NWI_{it} + \alpha_2 NWI_{it} \times PRO_{it} \times EOSS_{it} + \alpha_3 \ln IND_{it} + \alpha_4 \ln HUM_{it} +$$
$$\alpha_5 \ln FRE_{it} + \alpha_6 \ln DIV_{it} + \varepsilon_{it} \tag{4-5}$$

$$GVC_{it} = \alpha_0 + \alpha_1 WIM_{it} + \alpha_2 WIM_{it} \times PRO_{it} \times EOSS_{it} + \alpha_3 \ln IND_{it} + \alpha_4 \ln HUM_{it} +$$
$$\alpha_5 \ln FRE_{it} + \alpha_6 \ln DIV_{it} + \varepsilon_{it} \tag{4-6}$$

根据假设 5 的表述及要验证的结论，本章设置以下计量方程进行实证分析：

$$GVC_{it} = \alpha_0 + \alpha_1 NWI_{it} + \alpha_2 NWI_{it} \times PRO_{it} \times IOSS_{it} + \alpha_3 \ln IND_{it} + \alpha_4 \ln HUM_{it} +$$

$$\alpha_5 \ln FRE_{it} + \alpha_6 \ln DIV_{it} + \varepsilon_{it} \qquad\qquad (4-7)$$

$$GVC_{it} = \alpha_0 + \alpha_1 WIM_{it} + \alpha_2 WIM_{it} \times PRO_{it} \times IOSS_{it} + \alpha_3 \ln IND_{it} + \alpha_4 \ln HUM_{it} +$$

$$\alpha_5 \ln FRE_{it} + \alpha_6 \ln DIV_{it} + \varepsilon_{it} \qquad\qquad (4-8)$$

所有计量方程中各变量下标 i 和 t 分别表示制造业行业和时间，GVC 表示以价值链位置度量的产业升级变量。

第三节　理论假设验证

就像李强和郑江淮（2013）提到的，价值链攀升的影响因素之间可能存在内生性问题，如人力资本水平高的行业同时也可能是生产率较高的行业，价值链提升快的国家生产率较高的行业更能吸引服务外包，因此产生内生性问题。而且，变量之间的多重共线性可能存在，为解决可能存在的多重共线性和内生性，参考李强和郑江淮（2013）的做法采取两步系统广义矩估计方法（两部系统 GMM）进行估计。在进行计量实证分析时，为了能够比较不同产业服务外包的价值链攀升效应，本书除了对总样本进行估计之外，还分劳动密集型产业、资本密集型产业和技术密集型产业样本分别估计服务外包的产业升级效应。同时，在实证分析中每个样本都对包含交互项和不包含交互项的两组分别估计，以便对比分析。

一、承接国内服务外包产业升级效应的假设验证

在本部分中利用第二章中对服务外包和产业升级测度的数据，以及本章中对相关变量的设置和计算方式，通过 24 个行业的所有变量 2009～2018 年的数据，利用两步系统广义矩估计方法对计量方程（4-1）进行估计，验证承接国内服

务外包产业升级机制的理论假设,具体估计结果如表4-1所示。

表4-1 计量模型估计结果(被解释变量GVC)

变量	计量方程(4-1)							
	总体样本		劳动密集型产业		资本密集型产业		技术密集型产业	
IOSS	0.243**	0.211**	0.156**	0.124**	0.335**	0.276**	0.364*	0.301**
	(3.78)	(3.95)	(4.05)	(4.22)	(8.17)	(8.78)	(2.60)	(3.20)
IOSS×PRO	—	0.028	—	-0.033	—	0.025	—	0.163
		(0.17)		(-0.01)		(0.00)		(0.01)
IND	1.045**	1.103	-1.000	-0.643	1.113*	0.734**	0.205**	0.026**
	(7.45)	(1.60)	(-0.72)	(-1.73)	(2.04)	(3.19)	(4.56)	(3.66)
HUM	1.435**	1.331**	1.128**	1.104**	1.544**	1.485**	1.202**	0.612**
	(3.25)	(4.14)	(3.39)	(2.54)	(4.75)	(2.40)	(2.84)	(2.82)
FRE	1.117**	1.102**	0.745**	0.957*	1.113*	1.572*	1.133**	1.129**
	(2.34)	(3.17)	(4.85)	(2.25)	(2.73)	(2.57)	(2.96)	(4.97)
DIV	1.128**	1.112**	0.869**	1.030*	1.108**	1.125*	1.229*	1.257**
	(3.66)	(4.66)	(3.81)	(2.20)	(4.99)	(2.10)	(2.27)	(5.41)
AR(2)(p值)	0.812	0.789	0.765	0.811	0.827	0.830	0.797	0.815
Sargan(p值)	0.535	0.487	0.563	0.622	0.616	0.530	0.494	0.543
Hansen(p值)	0.447	0.513	0.498	0.565	0.613	0.594	0.477	0.443

注:①表中的估计结果由 Eviews 6.0 软件获得;②括号内为 t 值, ** 和 * 分别表示在 1% 和 5% 的显著性水平下显著;③在估计过程中利用"Collapse"方法来降低工具变量的个数。下同。

从表4-1可以看出,总样本与分产业样本中单独的国内服务外包变量是显著的正值,这说明在不考虑技术差距变量对承接国内服务外包产业升级效应的影响下,承接国内服务外包仍然能够显著地带来产业升级效应。这个估计结果与第三章中数理分析的结论相似,同时也验证了本章假设1的部分内容,即承接国内服务外包能够显著地带来产业升级效应。这在不同要素密集度产业中结论也是相似的,不论是劳动密集型产业还是资本密集型产业以及技术密集型产业,在不考虑技术差距的国内服务外包下都能够显著地带来产业升级效应。

在加入技术差距与国内服务外包水平变量的交互项之后，总体样本中的国内服务外包变量的估计结果虽然数值有所变小，但依然是显著且符号为正，说明考虑技术差距后承接国内服务外包仍然存在产业升级效应，承接国内服务外包能够提高产业所处产业价值链位置。同时，交互项的系数有正有负且都是不显著的，说明发包方的技术差距对承接国内服务外包的产业升级效应没有显著的促进作用，技术差距的变化不会对承接国内服务外包产业升级产生任何影响。所以，从总样本的估计结果来看假设 1 得到了验证，承接国内服务外包的产业升级效应不受技术差距的影响，任何条件下承接国内服务外包都能够带来产业升级效应。不同要素密集度产业的估计结果与总样本是一致的，技术差距对任何形式的产业承接国内服务外包的产业升级效应都没有显著的促进作用。

估计结果进一步表明与承接国际服务外包不同，在任何产业下国内服务外包都不会存在技术抑制作用。国内发包方并不会限制承接国内服务外包企业的技术升级，就如前文所说，国内发包方会通过技术转移溢出效应提高承包方的技术创新能力，使其与自己具有相同的技术水平，因为这样做并不会影响发包方在价值链中的位置。

从控制变量的估计结果可以看出，总样本中产业规模对制造业价值链攀升具有正的影响，但是不显著的。而且从分样本估计结果来看，产业规模对劳动密集型产业价值链的提升竟然具有抑制作用，虽然这个结果没有通过显著性检验，但是也需要认真思考，笔者认为主要是由于劳动密集型产业升级对产业配套要求低，只要有足够的人力资本和技术转移，产业的价值链攀升就容易实现。对于资本和技术密集型产业，产业规模增加有助于价值链的攀升，而且是非常显著的。这说明与劳动密集型产业不同，资本和技术密集型产业处在制造业规模大和基础好的地区，更加有助于产业价值链的攀升。所有样本的估计结果中人力资本对价值链的攀升都具有促进作用，说明任何类型的产业都离不开人力资本的积累，人力资本积累对任何产业的价值链提升都具有主要的贡献，在三类产业中人力资本的促进作用从劳动密集型到技术密集型依次增加。制度环境在所有样本中都显著为正值，说明政府支持对价值链攀升都具有明显的促进作用，政府的支持能够弥补企业创新投入不足、加强产业规划和经营环境等，有助于更好地带动价值链攀升。国际分工参与程度在所有样本中对价值链攀升都具有促进作用，但是在劳动密集型产业中促进作用并不显著，与其他变量相比影响程度较低。这说明我国制造业中企业参与到全球分工中的程度还是比较低的，但是参与到产品内分工中能够获得来自跨国公司的技术外溢，提升其在全球价值链中的位置。其在劳动密集型产业中不显著主要是由于产业中大部分为中小企业，在价值链中很少与领导企业直接接触，不容易通过产品内分工获得价值链提升的技术。

二、承接国际服务外包产业升级效应的假设验证

本部分利用第二章对服务外包和产业升级测度的数据，以及本章中对相关变量的设置和计算方式，通过 24 个行业的所有变量 2009～2018 年的数据，利用两步系统广义矩估计方法对计量方程（4－2）进行估计，来验证承接国际服务外包产业升级效应的理论假设，具体估计结果如表 4－2 所示。

表 4－2　计量模型估计结果（被解释变量 *GVC*）

变量	计量方程（4－2）							
	总体样本		劳动密集型产业		资本密集型产业		技术密集型产业	
EOSS	0.195 **	0.174 **	0.143 **	0.057 **	0.206 **	0.187 **	0.223 **	0.212 **
	(5.93)	(6.10)	(5.77)	(4.69)	(4.23)	(2.95)	(3.96)	(3.48)
EOSS × PRO	—	0.023 **	—	0.006 **	—	0.027 **	—	0.041 **
		(4.03)		(4.06)		(5.02)		(31.30)
IND	1.063	1.109	− 1.171 **	− 1.115	1.119 **	0.709 *	0.203 **	0.036
	(1.71)	(1.09)	(− 3.16)	(− 0.72)	(3.50)	(2.56)	(5.10)	(0.22)
HUM	1.377 **	1.342 **	1.169 **	1.201 **	1.588 **	1.457 **	1.205 **	0.609 **
	(3.11)	(4.22)	(3.51)	(3.47)	(3.67)	(2.39)	(2.26)	(2.20)
FRE	1.179 **	1.101 **	0.886 **	0.878 **	1.115 **	1.106 **	1.132 **	1.127 **
	(2.97)	(4.86)	(5.76)	(3.42)	(3.32)	(2.90)	(2.75)	(5.07)

续表

变量	总体样本		劳动密集型产业		资本密集型产业		技术密集型产业	
	计量方程（4-2）							
DIV	1.103 **	1.024 **	0.816 **	0.796 **	1.124 **	1.117 **	1.375 *	1.311 **
	(3.58)	(4.35)	(3.58)	(3.56)	(4.74)	(2.80)	(2.54)	(5.75)
AR(2)(p 值)	0.643	0.792	0.785	0.874	0.816	0.799	0.803	0.787
Sargan(p 值)	0.517	0.424	0.530	0.642	0.708	0.535	0.499	0.567
Hansen(p 值)	0.424	0.512	0.569	0.630	0.627	0.688	0.585	0.634

从表4-2的计量方程估计结果可以看到，由于在估计方程（4-2）中，控制变量的数据没有发生任何变化，所以控制变量在本部分的估计值除了发生小范围变动、个别变量的显著性发生变化之外，控制变量的估计符号和显著性与前面两部分的完全相同。因此，在对服务外包产业升级机制假设进行验证时，控制变量对产业升级的效应分析与国内服务外包时相同，在本部分中不再进行详细分析。

从表4-2中可以看出，与承接国内服务外包的估计结果相似，总样本中单独的国际服务外包变量是显著的，这说明如果不考虑技术差距变量对承接国际服务外包产业升级效应的影响，承接国际服务外包能够显著地带来产业升级效应。这个估计结果与第三章中数理分析的结论相似，同时也验证了本章假设2的部分内容，即承接国际服务外包能够促进产业升级。这在不同要素密集度产业中也得到了同样的结论，不论是劳动密集型产业还是资本密集型产业以及技术密集型产业，不考虑技术差距的国际服务外包都能够显著地带来产业升级效应。

在加入技术差距与国际服务外包水平变量的交互项之后，总体样本中的国际服务外包变量的估计结果仍然显著且符号为正，只是估计结果有所降低，但这仍然意味着考虑技术差距后承接国际服务外包存在产业升级效应，承接国际服务外包能够提高产业所处产业价值链位置。同时，交互项的系数也是显著为正的，说明与世界前沿技术的差距越大，承接国际服务外包的产业升级效应越明显，其会提升承接国际服务外包对产业升级的影响效果。例如，技术水平差距扩大 1 单位，会使承接国际服务外包的产业升级效应增加 0.023 单位，从单独承接国际服务外包对产业升级贡献的 0.174 增长到 0.197。所以，从总样本的估计结果来看假设 2 得到了验证，承接国际服务外包的产业升级效应受技术差距的影响，差距越大产业升级效应越明显。不同要素密集度产业的估计结果与总样本是一致的，技术差距对任何形式的产业承接国际服务外包的产业升级效应都具有显著的促进作用。而且，劳动密集型产业的估计结果是最小的，这说明在劳动密集型产业里技术差距对承接国际服务外包的产业升级效应的促进作用不是特别明显。原因可能是劳动密集型产业承接国际服务外包时，能够获取一定的技术溢出效应，从具体的估计数值来看这个效应是比较小的。

这个结果的含义不是要求在承接国际服务外包时，承接方技术水平越差越好，而是要求在承接国际服务外包时发包方的技术水平要比自己高出很多，即在寻找发包方时要寻找处于技术前沿的服务发包方，这样才能够更好地发挥承接国际服务外包的产业升级效应。

三、不同类型承接服务外包产业升级陷阱假设验证

本部分利用第二章对服务外包和产业升级测度的数据，以及本章中对相关变量的设置和计算方式，通过 24 个行业的所有变量 2009~2018 年的数据，利用两步系统广义矩估计方法对计量方程（4-3）和计量方程（4-4）进行估计，来验证不同类型服务外包产业升级效应的理论假设，具体估计结果如表 4-3 所示。

表 4-3　计量模型估计结果（被解释变量 GVC）

变量	计量方程（4-3）和计量方程（4-4）							
	总体样本		劳动密集型产业		资本密集型产业		技术密集型产业	
$EOSS \times PRO^2$	0.096**	—	0.089**	—	0.101**	—	0.104**	—
	(3.81)		(4.17)		(3.38)		(2.78)	

续表

计量方程（4-3）和计量方程（4-4）							
变量	总体样本		劳动密集型产业		资本密集型产业		技术密集型产业
$EOSS \times PRO$	-0.013** (-4.05)	—	-0.015** (-5.57)	—	-0.022** (-5.38)	—	-0.021** (-3.90)	—
$IOSS \times PRO^2$	—	-0.132** (-3.69)	—	-0.141** (-3.10)	—	-0.128** (-3.97)	—	-0.152** (-5.48)
$IOSS \times PRO$	—	0.026** (3.82)	—	0.019** (3.20)	—	0.022** (4.83)	—	0.031** (3.37)
IND	1.082 (1.75)	1.090 (1.77)	-1.026 (-0.72)	-1.003 (-1.52)	1.099** (3.87)	0.682* (2.57)	1.039** (3.99)	1.018** (6.30)
HUM	2.134** (6.23)	1.121** (3.25)	1.136** (4.46)	1.105** (3.12)	2.127** (2.78)	1.851** (2.75)	0.789** (2.73)	0.786* (2.67)
FRE	0.939** (2.97)	0.836** (3.10)	0.752** (3.58)	0.737** (6.74)	1.044** (2.82)	1.048** (3.09)	1.142** (4.91)	1.163** (4.89)
DIV	1.128** (4.48)	1.022** (4.02)	0.841** (3.47)	0.738 (1.36)	1.226* (2.14)	1.324* (2.28)	1.334** (5.63)	1.352** (5.60)
AR(2)（p值）	0.841	0.899	0.875	0.901	0.832	0.778	0.811	0.742
Sargan（p值）	0.543	0.441	0.607	0.719	0.722	0.548	0.420	0.516
Hansen（p值）	0.337	0.505	0.584	0.853	0.767	0.624	0.333	0.478

从总样本及不同要素密集度产业的第一列估计结果来看，国际服务外包变量与技术差距平方项交互项的估计值为显著的正值，与技术差距交互项的估计值为显著的负值，这表明国际服务外包产业升级效应取决于技术差距的数值，即国际服务外包的边际效应为 $(\alpha_1 PRO^2 + \alpha_2 PRO) \times EOSS$。从估计结果可知 α_1 为正数而 α_2 为负数，$(\alpha_1 PRO^2 + \alpha_2 PRO)$ 的值取决于 PRO 的大小，当 PRO 数值较大时，$(\alpha_1 PRO^2 + \alpha_2 PRO) > 0$。从总样本及不同要素密集度产业的第二列估计结果来看，国内服务外包变量与技术差距平方项交互项的估计值为显著的负值，与技术差距交互项的估计值为显著的正值，这表明国内服务外包产业升级效应同样取决

于技术差距的数值，也即是国内服务外包的边际效应为 $(\alpha_1 PRO^2 + \alpha_2 PRO) \times IOSS$。从估计结果可知 α_1 为负值而 α_2 为正值，$(\alpha_1 PRO^2 + \alpha_2 PRO)$ 的值取决于 PRO 的大小，当 PRO 数值较小时，$(\alpha_1 PRO^2 + \alpha_2 PRO) > 0$。这表明在承包方与世界前沿技术差距较大时，承接国际服务外包能够促进产业升级，承包方与世界前沿技术差距较小时，承接国内服务外包能够促进产业升级。

这些估计结果表明，在承接服务外包时，要考虑双方的技术差距，如果技术差距较大那么可以以承接国际服务外包为主，随着技术外溢和自主创新，技术水平提升后技术差距在不断缩小，此时承接国内服务外包对产业升级是更有利的。

从控制变量的估计结果可以看出，控制变量的数据没有发生任何变化，所以控制变量在本部分的估计值除了发生小范围变动之外，个别变量的显著性发生变化之外，控制变量的估计符号和显著性与前面两部分的完全相同。因此，在对服务外包产业升级机制假设进行验证时，控制变量对产业升级的效应分析与第一部分相同，在本部分中不再进行详细分析。

四、国际服务外包产业升级陷阱机制假设验证

在本部分利用第二章中对服务外包和产业升级测度的数据，以及本章中对相关变量的设置和计算方式，通过 24 个行业的所有变量 2009～2018 年的数据，利用两步系统广义矩估计方法对计量方程（4－5）和方程（4－6）进行了估计，验证承接国际服务外包产业升级机制的理论假设，具体估计结果如表 4－4 和表 4－5 所示。

表 4－4　计量模型估计结果（被解释变量 GVC）

计量方程（4－5）								
变量	总体样本		劳动密集型产业		资本密集型产业		技术密集型产业	
NWI	0.136 **	0.143 **	0.111 **	0.115 **	0.147 **	0.132 **	0.212 **	0.139 **
	(6.37)	(4.70)	(3.55)	(4.08)	(4.62)	(3.98)	(4.69)	(6.16)

续表

计量方程（4-5）

变量	总体样本		劳动密集型产业		资本密集型产业		技术密集型产业	
$NWI \times PRO \times EOSS$	—	-0.019** (-7.04)	—	-0.016** (-3.63)	—	-0.023** (-5.40)	—	-0.026** (-3.88)
IND	1.105 (1.14)	1.132 (1.74)	0.985* (2.06)	1.001** (2.98)	1.115* (2.68)	0.285** (6.12)	0.125** (2.92)	0.253** (3.86)
HUM	1.885** (4.25)	1.824** (4.27)	1.431** (4.26)	1.386** (3.31)	0.932** (4.24)	1.106** (3.36)	1.401* (2.09)	0.918** (3.47)
FRE	1.132** (4.73)	1.045** (2.98)	0.776* (2.33)	0.810* (2.43)	1.131** (4.06)	1.127** (3.10)	1.139* (2.60)	1.145* (2.35)
DIV	1.141** (4.63)	1.123** (3.64)	0.884** (2.71)	0.915** (2.71)	1.133** (3.56)	1.175* (2.57)	1.219** (3.80)	1.246* (2.27)
AR(2)（p 值）	0.786	0.833	0.804	0.819	0.765	0.775	0.862	0.811
Sargan（p 值）	0.643	0.520	0.614	0.635	0.699	0.612	0.573	0.537
Hansen（p 值）	0.446	0.526	0.555	0.682	0.635	0.627	0.575	0.500

表4-5　计量模型估计结果（被解释变量 GVC）

计量方程（4-6）

变量	总体样本		劳动密集型产业		资本密集型产业		技术密集型产业	
WIM	0.114* (3.29)	0.108** (3.84)	0.112 (0.03)	0.107 (0.027)	0.123** (3.41)	0.115** (2.87)	0.154** (3.95)	0.139* (2.47)
$WIM \times PRO \times EOSS$	—	0.024** (3.82)	—	0.027 (0.01)	—	0.031** (15.70)	—	0.033** (6.66)
IND	1.116 (1.49)	0.614 (1.61)	1.175 (0.70)	1.143 (1.48)	0.303** (6.49)	0.439* (2.43)	0.315** (5.02)	0.401** (4.83)
HUM	1.085** (3.51)	0.762* (2.05)	1.127* (2.35)	1.116** (4.64)	1.252* (2.40)	1.385** (2.51)	1.977* (2.39)	1.472* (2.33)
FRE	0.763** (3.69)	1.106** (2.86)	0.737** (4.73)	0.724** (3.08)	1.112** (2.78)	1.156** (3.08)	1.127* (2.29)	0.070** (4.77)
DIV	1.111** (3.98)	1.930** (6.19)	0.876* (2.47)	0.824* (2.55)	0.919** (4.08)	0.903** (4.57)	1.264* (2.25)	1.255* (2.34)
AR(2)（p 值）	0.811	0.798	0.830	0.825	0.844	0.802	0.836	0.888

续表

| | 计量方程（4-6） | | | | | | | |
变量	总体样本		劳动密集型产业		资本密集型产业		技术密集型产业	
Sargan（p 值）	0.543	0.455	0.526	0.628	0.559	0.532	0.477	0.565
Hansen（p 值）	0.517	0.542	0.618	0.622	0.670	0.645	0.555	0.432

从表4-4和表4-5的估计结果可以看到，同样由于在估计方程（4-5）和方程（4-6）中，控制变量的数据没有发生任何变化，所以控制变量的估计值除了发生小范围变动以及劳动密集型产业规模变量符号改变之外，其他控制变量的估计符号和显著性与表4-1的完全相同。因此，在对服务外包产业升级机制假设进行验证时，控制变量对产业升级的效应分析与第一部分相同，在本部分中不再进行详细分析。

从表4-4可以看到，所有样本中单独的自主创新变量（NWI）都是显著的正值，而且在不同要素密集度产业中也得到了同样的结论，不论是劳动密集型产业还是资本密集型产业以及技术密集型产业，自主创新都能带来显著的产业升级效应，而且随着产业技术密集度的增加，自主创新带来的产业升级效应越明显。但是从估计结果来看这个数值还是比较小的，说明我国自主创新明显不足，只是通过大量利用资源和廉价的劳动力来生产产品，并不注重企业的技术创新。就像张宗庆和郑江淮（2013）研究指出的我国小企业更偏向于自主研发支出的增加，大企业更偏向于增加引进技术支出，中等规模企业的特征取决于产品生产、研发和引进技术过程中的差异化程度。在承接国际服务外包时，以中小企业为主，所以自主创新具有明显的产业升级效应。

表4-5中所有样本单独的技术转移溢出变量（WIM）也是显著的，但不同要素密集度产业中得到的结论与总体服务外包有些差异。劳动密集型产业中技术转移溢出对产业升级符号是正的，但是不显著，这说明在劳动密集型产业中技术转移溢出效应并不能够带来明显的产业升级效应。原因可能是劳动密集型产业中承接国际外包的技术含量较低，承接的国际外包中主要是一些后续服务或者运输

活动，而在资本密集型和技术密集型产业中承接外包的技术转移溢出的产业升级明显。但是，通过与自主创新的产业升级效应的对比来看，其产业升级效应要低于自主创新的产业升级效应。

由于单独的自主创新和技术转移溢出变量进行实证分析时，并没有用到服务外包的任何变量，所以这说明不论是否存在服务外包现象，自主创新和技术转移溢出都能带来产业升级。但事实上无论是自主创新还是技术转移溢出创新，在中国目前的发展模式下，承接服务外包都是这两种创新的主要来源。如果一个企业和外部企业没有任何关联，这个企业就会没有动力去进行任何形式的创新（张宗庆、郑江淮，2013）。

在加入技术差距与承接国际服务外包变量的交互项以后，所有样本中承接服务外包自主创新变量（NWI）仍然是显著的正效应，但是技术转移溢出变量（WIM）在劳动密集型产业中仍然是不显著的。说明不论是否与世界前沿技术水平存在差距，在劳动密集型产业中承接国际服务外包都不能够获取技术转移溢出效应带来产业升级，所以我国在近几年不断调整的劳动密集型产业的外包与投资政策正是考虑到这方面的影响。

在总样本中自主创新变量（NWI）和技术转移溢出变量（WIM）与技术差距和国际服务外包变量的交互项都是显著的并且符号相反，这说明存在不同的服务外包产业升级机制。具体来说在表 4 - 4 中交互项 $NWI \times PRO \times EOSS$ 为负值且是显著的，说明当承包方的技术水平与世界技术前沿差距拉大时，承接国际服务外包会抑制自主创新的产业升级效应。例如，总样本中技术水平差距拉大 1 单位时，承接 1 单位的国际服务外包会使自主创新的产业升级效应减少 0.019 单位，自主创新对产业升级的贡献从 0.143 减少到 0.124。此时，由于承接国际服务外包抑制自主创新产业升级效应的实现，承包方就没有动力在承接国际服务外包的过程中进行自主创新活动。因此，当与世界技术前沿差距较大时，承接国际服务外包的产业升级效应不是依靠自主创新来实现。相反，当技术水平差距较小时，承接国际服务外包的产业升级效应依靠自主创新来实现，这在不同要素密集度产业中也得到了同样的结论。

表4-5中总样本的交互项 $WIM \times PRO \times EOSS$ 估计值为正值也是显著的，说明随着与世界技术前沿差距的增加，技术转移溢出的产业升级效应在增强，承接国际服务外包能够使承接方获得更多的技术转移溢出效应，带来产业升级效应的加强。例如，总样本中技术水平差距扩大1单位，会使技术转移溢出的产业升级效应增加0.024单位，自主创新对产业升级的贡献从0.108增长到0.132。此时，当技术差距较大时，承接国际服务外包能够获得更多的技术转移溢出，承包方有动力去承接更多的国际服务外包来获取尽可能多的技术转移溢出，承接国际服务外包的产业升级效应依靠技术转移溢出来实现。相反，当技术水平差距较小时，承接国际服务外包的产业升级效应不是依靠技术转移溢出来实现。在不同要素密集度产业中，承接国际服务外包的技术转移溢出效应对产业升级的影响并不相同，在劳动密集型产业中技术转移溢出变量的交互项不显著，说明在劳动密集型产业中承接国际服务外包并不能显著地带来技术转移效应的提升，原因可能是由于劳动密集型产业中的国际服务外包主要是技术含量水平较低的运输以及批发零售等服务部门。然而在资本密集型和技术密集型产业中，与总体样本中相同，承接国际服务外包能获得更多的技术转移溢出，承包方有动力去承接更多的国际服务外包来获取尽可能多的技术转移溢出。

与单纯的自主创新产业升级效应相比，承包方技术差距较大时，承接国际服务外包能够使承接方技术溢出的产业升级效应大于自主创新对产业升级的抑制效应，这说明在我国与世界前沿技术水平存在较大差距的现实情形下，承接国际服务外包获取技术转移溢出效应对产业发展来说可能是更有利的，但是随着自身技术水平的提升，自主创新对产业发展将会有更大的作用。

综上分析，假设4得到了验证，即当承接国际服务外包企业的技术水平远离世界技术前沿时，国际服务外包的产业升级机制为技术转移溢出；当承接国际服务外包企业的技术水平接近世界技术前沿时，国际服务外包的产业升级机制为自主创新。

五、国内服务外包产业升级陷阱机制假设验证

上部分是对承接国际服务外包产业升级效应机制的分析，是不是像在假设 5 中提出的，承接国内服务外包具有与承接国际服务外包相同的产业升级机制呢？同样在本部分利用第二章中对服务外包和产业升级测度的数据，以及本章中对相关变量的设置和计算方式，通过 24 个行业的所有变量 2009 ~ 2018 年的数据，利用两步系统广义矩估计方法对计量方程（4 - 7）和方程（4 - 8）进行估计，验证承接国内服务外包产业升级机制的理论假设，具体估计结果如表 4 - 6 和表 4 - 7 所示。

表 4 - 6　计量模型估计结果（被解释变量 GVC）

变量	计量方程（4 - 7）							
	总体样本		劳动密集型产业		资本密集型产业		技术密集型产业	
NWI	0.172 **	0.168 **	0.115 *	0.120 **	0.155 **	0.153 **	0.212 **	0.191 **
	(4.10)	(3.71)	(2.41)	(5.48)	(4.84)	(3.32)	(4.69)	(4.48)
$NWI \times PRO \times IOSS$	—	- 0.015	—	- 0.013	—	- 0.012	—	- 0.019
		(- 6.67)		(- 0.01)		(- 0.01)		(- 0.04)
IND	1.032	0.306	- 1.103	- 1.058	0.153 **	0.284 **	0.125 *	0.260 **
	(1.14)	(0.84)	(- 1.55)	(- 1.69)	(3.67)	(3.59)	(2.92)	(6.30)
HUM	2.004 **	1.765 **	1.321 **	1.297 **	0.932 **	1.098 **	1.401 *	0.923 **
	(4.52)	(4.13)	(2.74)	(3.71)	(4.24)	(3.27)	(2.09)	(3.02)
FRE	1.110 **	0.985 **	0.834 *	0.793 *	1.122 *	1.105 **	1.168 **	1.179 **
	(3.05)	(4.40)	(2.50)	(2.37)	(2.43)	(2.93)	(3.09)	(3.04)
DIV	2.455 **	1.764 **	0.933 **	0.894	1.151 *	1.223 **	1.179 **	1.250 *
	(8.81)	(5.70)	(2.68)	(1.23)	(2.36)	(2.75)	(3.68)	(2.29)
AR(2)（p 值）	0.812	0.87075	0.793	0.852	0.744	0.769	0.808	0.755
Sargan（p 值）	0.512	0.472	0.591	0.645	0.687	0.535	0.421	0.476
Hansen（p 值）	0.374	0.512	0.578	0.756	0.727	0.691	0.452	0.489

表4-7　计量模型估计结果（被解释变量 *GVC*）

计量方程（4-8）

变量	总体样本		劳动密集型产业		资本密集型产业		技术密集型产业	
WIM	0. 112 **	0. 106 **	0. 075 *	0. 081 **	0. 137 **	0. 149 **	0. 154 **	0. 153 **
	(4. 74)	(4. 34)	(2. 53)	(3. 44)	(3. 77)	(3. 70)	(3. 95)	(3. 04)
WIM × PRO × IOSS	—	0. 024	—	0. 014	—	0. 026	—	0. 031
		(0. 23)		(0. 01)		(0. 02)		(0. 07)
IND	0. 637	0. 612	-1. 214	-1. 119	0. 303 **	0. 438 **	0. 315 **	0. 399 **
	(1. 61)	(1. 61)	(-1. 81)	(-1. 90)	(3. 29)	(3. 61)	(4. 88)	(6. 70)
HUM	1. 085 **	0. 763 **	1. 093 **	1. 002 **	1. 252 *	1. 378 **	1. 977 *	0. 066 **
	(3. 51)	(3. 38)	(3. 08)	(2. 80)	(2. 43)	(2. 20)	(2. 39)	(5. 68)
FRE	0. 763 **	0. 766 *	0. 654 **	0. 633 **	0. 136 **	1. 093 **	1. 115 **	1. 385 **
	(2. 91)	(2. 35)	(4. 19)	(4. 68)	(2. 79)	(2. 63)	(2. 78)	(2. 89)
DIV	2. 600 **	1. 937 **	0. 747 *	0. 703 **	0. 919 **	0. 903 **	1. 408 **	1. 385 **
	(9. 32)	(6. 19)	(2. 16)	(3. 51)	(4. 75)	(2. 36)	(2. 28)	(4. 43)
AR(2)(p 值)	0. 738	0. 825	0. 794	0. 893	0. 861	0. 787	0. 821	0. 755
Sargan(p 值)	0. 503	0. 476	0. 597	0. 682	0. 679	0. 472	0. 431	0. 525
Hansen(p 值)	0. 417	0. 562	0. 527	0. 643	0. 615	0. 594	0. 427	0. 416

　　从表4-6和表4-7的估计结果可以看到，由于在估计方程（4-7）和方程（4-8）中，控制变量的数据没有发生任何变化，所以控制变量的估计值除了发生小范围变动之外，控制变量的估计符号和显著性与表4-1的完全相同。因此，在对国内服务外包产业升级机制假设进行验证时，控制变量对产业升级的效应分析与第一部分相同，在本部分中不再进行详细分析。

　　从表4-6和表4-7中可以看到，由于在承接国际服务外包产业升级机制的估计中使用相同的自主创新和技术转移溢出指标数据，所以所有样本中单独的自主创新变量（*NWI*）和技术转移溢出变量（*WIM*）都是显著的正值，在不同要素密集度产业中也得到了同样的结论。具体有关变量估计值的解释已在承接国际服务外包产业升级机制中做了说明，所以在本部分中不再赘述。

　　重点要分析的是加入技术差距与承接国内服务外包变量的交互项以后，方程估计结果发生的变化。在加入交互项后，自主创新变量（NWI）和技术转移溢出变量（WIM）仍然是显著的正效应，说明加入交互项后并不能改变技术转移溢出和自主创新带来产业升级的事实。但不论是自主创新变量（NWI）还是技术转移溢出变量（WIM）与技术差距和服务外包变量的交互项都是不显著的并且符号相反，这说明在国内服务外包下并没有明显的产业升级机制差异。具体来说在表4 – 6中交互项 NWI × PRO × IOSS 为负值但不显著，说明服务承包方的技术水平与世界技术前沿的任何差距的变化，承接国内服务外包都不会显著地影响自主创新的产业升级效应。表4 – 7中交互项 WIM × PRO × IOSS 估计值为正值但也是不显著的，说明在承接国内服务外包下，承包方技术与世界技术前沿差距无论如何变化，承接国内服务外包都不能够显著地影响技术转移溢出的产业升级效应。这说明与国际服务外包不同，在国际服务外包时双方技术差距拉大时，国际服务外包能够提升承包方通过技术转移溢出促进技术提升和产业升级的效应，但当双方的技术差距在缩小时，国际服务外包能够提升承包方通过自主创新促进技术提升和产业升级的效应，但在承接国内服务外包时不论双方的技术差距如何，在外包的过程中都会有技术转移溢出效应和自主创新效应来实现产业升级。

综上分析，假设5没有得到验证，即不存在当承包方与世界技术前沿差距较大时，国内服务外包的产业升级机制为技术转移溢出；当承包方与世界技术前沿差距较小时，国内服务外包的产业升级机制为自主创新的现象。然而，现实是在国内服务外包下，任何时候技术转移溢出和自主创新两种产业升级机制都是同时存在的。

本章小结

在第三章中通过数理推导得出了服务外包与产业升级的相关理论定理，本章中首先依据第三章中的数理推导过程和相关理论定理，结合国内外有关服务外包产业升级效应实证研究的现状，得出价值链视角下服务外包产业升级效应的相关验证假设，具体为：第一，承接国内服务外包与产业升级呈正相关，同时产业升级效应并不取决于发包方和承包方之间的技术差距。第二，承接国际服务外包与产业升级呈正相关，但是国际服务承包方的技术越接近世界技术前沿，承接国际服务外包的产业升级效应越不明显。第三，服务承包方的技术越接近世界技术前沿，承接国内服务外包的产业升级效应越明显；服务承包方的技术越远离世界技术前沿，承接国际服务外包的产业升级效应越明显。第四，当承接国际服务外包企业的技术水平远离世界技术前沿时，承接国际服务外包的产业升级陷阱的机制为技术转移溢出；当承接国际服务外包企业的技术水平接近世界技术前沿时，承接国际服务外包的产业升级陷阱的机制为自主创新。第五，当承接国内服务外包企业的技术水平远离世界技术前沿时，国际服务外包的产业升级机制为技术转移溢出；当承接国内服务外包企业的技术水平接近世界技术前沿时，国内服务外包的产业升级机制为自主创新。

其次，利用我国 2009～2018 年的 24 个行业的面板数据，通过建立计量模型，分别对总样本、劳动密集型产业、资本密集型产业和技术密集型产业样本的理论假设进行实证检验，通过实证检验可以得出：

（1）承接国内服务外包能够显著地带来产业升级效应。这在不同要素密集度产业中结论也是相似的，不论是劳动密集型产业还是资本密集型产业以及技术密集型产业，不考虑技术差距的国内服务外包能够显著地带来产业升级效应。与承接国际服务外包不同，在任何产业下国内服务外包都不会存在技术抑制作用。国内发包方并不会限制承接国内服务外包企业的技术升级，就像在本书第三章数理分析表明的，国内发包方会通过技术转移溢出效应提高承包方的技术创新能力，使其与自己具有相同的技术水平，因为这样做并不会影响发包方在价值链中的位置。

（2）如果不考虑技术差距变量对承接国际服务外包产业升级效应的影响，

承接国际服务外包能够显著地带来产业升级效应。在不同要素密集度产业中也得到了同样的结论，不论是劳动密集型产业还是资本密集型产业以及技术密集型产业，不考虑技术差距的国际服务外包都能够显著地带来产业升级效应。但是，当考虑到承包方的技术差距后，承包方距离世界前沿技术的差距越大，承接国际服务外包的产业升级效应越明显，其会增加承接国际服务外包对产业升级的影响效果。

（3）在承接服务外包时，要考虑双方的技术差距，如果技术差距较大，那么可以以承接国际服务外包为主，随着技术外溢和自主创新，技术水平提升后，技术差距也在不断缩小，此时承接国内服务外包对产业升级是更有利的。

（4）当与世界前沿技术差距较大时，承接国际服务外包的产业升级效应不是依靠自主创新来实现。相反，当技术水平差距较小时，承接国际服务外包的产业升级效应依靠自主创新来实现。当技术差距较大时，承接国际服务外包能够获得更多的技术转移溢出，承包方有动力去承接更多的国际服务外包来获取尽可能多的技术转移溢出，承接国际服务外包的产业升级效应依靠技术转移溢出来实现。相反，当技术水平差距较小时，承接国际服务外包的产业升级效应不是依靠技术转移溢出来实现。与国际服务外包不同，在国际服务外包时双方技术差距较大时，承包方可以通过明显的技术转移溢出效应促进技术提升和产业升级，但当双方的技术差距在缩小时，国际服务外包的技术转移溢出效应降低，而此时承包方要靠自主创新提升技术水平和实现产业升级，但在承接国内服务外包时不论双方的技术差距如何，在外包的过程中都会有技术转移溢出效应和自主创新效应来实现产业升级。

第五章 承接国际服务外包陷阱的跨越：
国内服务外包的视角

第一节 引言

在本书第四章的实证分析中可以看到，我国在全球价值链下承接国际服务外包确实能够带来产业的升级效应，尤其是东部沿海地区率先在全球价值链下承接服务外包，并能够获得明显的产业升级效应。但是在有关承接国际服务外包产业升级效应以及产业升级机制的实证分析中，都表现出了通过全球价值链承接国际服务外包存在产业升级陷阱的情形。在全球价值链下承接国际服务外包是否存在陷阱取决于国内承包方的技术水平与世界前沿技术的差距，技术差距较大时，国际服务外包的产业升级效应才明显优于国内服务外包。从效应的机制来看，差距较大时国际服务承包方主要是利用技术转移溢出效应进行创新，且自主创新不足。所以，此时就产生了一个悖论：一方面，在全球价值链下为了通过承接国际服务外包获取技术转移溢出带来产业升级效应，必须保持与世界技术前沿的差距；另一方面，为了跨越承接国际服务外包的陷阱必须进行自主创新缩小与世界前沿技术的差距，这个悖论在本书中称为"承接国际服务外包陷阱"。

那么如何解决这个悖论呢？在实证分析中同样可以看到，在国内价值链下承接国内服务外包不会受到双方技术差距的影响，而且当国内承包方的技术水平与世界技术前沿的差距缩小时，国内服务外包的产业升级效应会超过国际服务外包。因此，我国国内企业在通过全球价值链承接国际服务外包的同时，可以利用延长全球价值链在国内的部分，通过构建国内价值链来提供国内服务外包促进产业升级。一方面，在国内价值链下通过承接国内服务外包促进自主创新，提升生产率水平和产业质量标准，促进我国的产业升级；另一方面，随着技术差距的缩小，在全球价值链下承接国际服务外包的产业升级陷阱，也能够通过国内服务外包来解决。所以，解决"承接国际服务外包陷阱"的思路为：利用承接国际服务外包获取技术溢出效应，促进自主技术创新，同时在自主创新能力提升、技术差距缩小后，通过承接国内服务外包实现对国际服务外包的替代，实现对承接国际服务外包陷阱的跨越。因此，在全球价值链下的国际服务外包与在国内价值链下的国内服务外包之间是否存在互动关系，国内服务外包能否成功替代国际服务外包，是我国实现跨越承接国际服务外包陷阱的关键。

对于外包在不同区域间发生的问题，现有的文献主要沿两条路径展开研究：第一，国际与国内的关系。Poncet（2002，2003）的研究表明，经济全球化会促使地方政府实行市场分割政策，此时国际外包活动的扩大就可能"挤出"国内省际外包活动。1987～1997年，中国各省国内外包在不断减少，而国际外包却在不断增长。刘遵义等（2007）通过构建一种反映中国承接外包特点的非竞争（进口）型投入占用产出模型，发现2002年中国承接美国1000美元的外包可以带来的完全国内增加值为368美元；同时2002年，中国承接美国外包对中国国内就业的拉动是美国承接中国外包对美国国内就业拉动的17倍之多。但是长期承接国际外包越多，越会阻碍产业结构升级，且被发达国家低端锁定。Berkowitz和Dejong（2001）基于对俄罗斯经济转型的研究，也发现了国际外包的扩大与国内市场的整合存在负相关关系。第二，国内不同地区外包之间的关系。潘文卿和李子奈（2007）的实证分析表明，沿海地区经济发展对内陆地区的外包溢出效应并不明显，甚至还不及内陆地区对沿海地区的溢出效应。依据国家信息中心（2005）的计算，从区域产业影响力系数来看，南部沿海（广东、福建和海南）和京津区域分别作为中国经济增长速度最快和收入水平最高的区域，却是对国内外包市场带动影响最小的两个区域；从区域产业感应度系数来看，东部沿海（江苏、上海和浙江）的总体产业需求程度在八大区域中排第三，而南部沿海仅排名第六，京津区域排名末位。

从国内外的研究来看，还没有学者关注国际服务外包与国内服务外包的关系，其不论从理论分析还是从实证研究上还是一片空白。因此，本章中从理论模型和实证研究两个角度来分析国际服务外包与国内服务外包的关系，以及如何通过承接国内服务外包来实现承接国际服务外包陷阱的跨越。

第二节　模型分析

在本节中拟通过构建数理模型的方法，找出如何通过承接服务外包中国际服务外包与国内服务外包之间的相互关系，来实现承接国际服务外包陷阱跨越的理论命题。区域间服务外包存在的根本动力在于服务外包行为存在不同区域服务外包主体间的利益最大化问题，而通过服务外包产生的服务在不同区域间的利润差是服务外包的直接动力。要在服务外包中实现各主体的利益最大化，需要各参与主体之间的共同合作，才能达到共赢且利益最大。因此，在本节的数理模型分析中，在合作共赢的视角下对利益最大化问题进行分析，且借助博弈论的分析手段来研究承接服务外包中国际服务外包与国内服务外包之间的相互关系，以及如何通过承接国内服务外包实现承接国际服务外包陷阱的跨越。

一、博弈主体和博弈方法

1. 服务外包的博弈主体

价值链下承接服务外包按照前文的分析包括依托全球价值链下发达国家对发展中国家的国际服务外包，以及依托国内价值链下发展中国家的国内服务外包。为了使研究问题模型化，假设发达国家的服务外包转出企业为 C，发展中国家内部同时承接国际服务外包与国内服务外包的企业为 A，国内服务外包的发包企业为 B。

2. 服务外包的博弈策略

在本章的博弈分析中包含三个博弈过程：一是国外发包企业 C 与国内承包企业 A 之间的博弈，主要是 C 与 A 之间国际服务外包过程中所获得的利益比较，然后做出利益的判断，使国外企业在博弈策略上选择"外包"或"不外包"，国内企业在博弈策略上选择"承接"或"不承接"。二是博弈过程为不考虑 A 承接国际服务外包的情形下，发展中国家内部的 A 和 B 企业之间国内服务外包过程中所获得的利益比较，然后做出利益的判断，使国内发包企业在博弈策略上选择"外包"或"不外包"，国内服务承包企业在博弈策略上选择"承接"或"不承接"。三是博弈过程为考虑企业 A 承接国际服务外包时，国内企业 A 承接国内服务外包的情形。A 企业通过承接国际服务外包与国内服务外包过程中所获得的利益比较，做出国际服务外包与国内服务外包同时发生时企业 A 在这两者之间的选择对其利益的影响，来考察两种服务外包的关系。

3. 服务外包的博弈方法

服务外包活动从时间上来看是一个不断持续的过程，带有演化性和重复性的特征。因此，假设博弈过程中 A、B、C 三个参与主体都是有限理性的，每个博弈过程中博弈参与方不可能在博弈一开始就可以找到最优策略，而是要经过不断地重复博弈过程来获取最优策略。而且，有限理性意味着博弈均衡是不断改进和调整的，所以在此情况下博弈模型分析的关键不是选择最优策略，而是经过不断

我国承接国际服务外包陷阱的产生机理及跨越研究

地调整来获取稳定均衡结果，所以在对本博弈模型进行分析时采用演化博弈分析方法。

二、服务外包的博弈过程分析

1. 国际服务外包的博弈分析

对于国外发包企业 C 与国内承包企业 A 之间的博弈，假设国外发包企业 C 在进行服务外包到 A 区时，C 企业可以在此服务外包中获取有形资源 N（如服务生产过程中投入的非人力生产要素等）以及外包后由于劳动力成本差异而节省的人力资源 H（如劳动力和智力资源等），同时也要付出一定的成本，包括在国际服务中由于沟通的障碍存在的沟通成本为 C_1，还有在服务外包后可能由于技术被模仿产生的市场损失成本 C_2。对于国内承接国际服务外包的企业 A 来说，可以在此承接服务外包中获取技术和管理知识 M 以及资本 K 等收益，同时也要付出成本包括由于沟通的障碍存在的沟通成本为 C_3。反过来，如果不发生国际服务外包行为时，博弈双方的收益和成本如下：C 企业在此博弈中的收益为 0，但是要从 C 企业所在的国家获取相同的人力资源和矿产资源需要支付的成本为 C_4。对于国内承接服务外包的 A 企业来说，如果不发生国际服务外包行为时，获取承接国际服务外包的收益为 0，而要从 A 企业所在的国家通过国内服务外包获取相同的资本以及技术和管理知识要支付的成本为 C_5。根据以上博弈双方的收益与成本分析，可以得到此博弈的支付矩阵如图 5 - 1 所示。

C 企业

		外包	不外包
A 企业	承接	$K+M-N-C_3$; $H+N-C_1-C_2$	$-C_3-C_5$; $-C_4$
	不承接	$-C_5$; $-C_1-C_4$	$-C_5$; $-C_4$

图 5 - 1 承接国际服务外包博弈的支付矩阵

注：表中上面的公式为 A 企业的支付，下面的公式为 C 企业的支付。

· 112 ·

下面对博弈均衡进行分析，假设在该博弈中企业 A 选择"承接"国际服务外包的概率为 x（$0 \leqslant x \leqslant 1$），则选择"不承接"的概率为 $1-x$；同理企业 C 选择"外包"的概率为 y（$0 \leqslant y \leqslant 1$），则选择"不外包"的概率为 $1-y$。

当企业 A 选择承接国际服务外包时，获得的期望支付为：

$$E_{A1} = y(K+M-N-C_3) + (1-y)(-C_3-C_5) = y(K+M-N+C_5) - C_3 - C_5 \tag{5-1}$$

当企业 A 选择不承接国际服务外包时，获得的期望支付为：

$$E_{A2} = y(-C_5) + (1-y)(-C_5) = -C_5 \tag{5-2}$$

所以企业 A 的平均支付为：

$$E_A = xE_{A1} + (1-x)E_{A2} = x[y(K+M-N+C_5) - C_3] - C_5 \tag{5-3}$$

因此，依据企业 A 在此博弈中的期望支付和平均支付可得到企业 A 的复制动态方程为：

$$\frac{dx}{dt} = x(E_{A1} - E_A) = F(x) = x(x-1)[C_3 - y(K+M-N+C_5)] \tag{5-4}$$

复制动态方程（5-4）的一阶导数为：

$$F'(x) = (2x-1)[C_3 - y(K+M-N+C_5)] \tag{5-5}$$

根据复制动态方程(5-4)可知，当 $y = \dfrac{C_3}{(K+M-N+C_5)}$ 时，$F(x)$ 始终为 0，这说明对于任何 x 都是稳定状态，同时由于 $0 \leqslant y \leqslant 1$，所以 $0 \leqslant C_3 \leqslant (K+M-N+C_5)$。假如 $y \neq \dfrac{C_3}{(K+M-N+C_5)}$，这时 $x=0$ 和 $x=1$ 是两个均衡状态。其中，当 $y > \dfrac{C_3}{(K+M-N+C_5)}$ 时，$F'(1)<0$，$F'(0)>0$，$x=1$ 是稳定的均衡策略；当 $y < \dfrac{C_3}{(K+M-N+C_5)}$ 时，$F'(1)>0$，$F'(0)<0$，$x=0$ 是稳定的均衡策略。

同理按照企业 A 在博弈中的分析，经过相似的分析方法，可以得到国际服务发包企业 C 的复制动态方程为：

$$\frac{dy}{dt} = F(y) = y(y-1)\left[C_1 - x(H + N + C_2 - C_5)\right] \qquad (5-6)$$

复制动态方程（5-6）的一阶导数为：

$$F'(y) = (2y-1)\left[C_1 - x(H + N + C_2 - C_5)\right] \qquad (5-7)$$

根据复制动态方程（5-6）可知，当 $x = \dfrac{C_1}{(H + N + C_2 - C_5)}$ 时，$F(y)$ 始终为 0，

这说明对于任何 y 都是稳定状态，同时由于 $0 \leqslant x \leqslant 1$，所以 $0 \leqslant C_1 \leqslant (H + N +$

$C_2 - C_5)$。假如 $x \neq \dfrac{C_1}{(H + N + C_2 - C_5)}$，这时 $y = 0$ 和 $y = 1$ 是两个均衡状态。其中，

当 $x > \dfrac{C_1}{(H + N + C_2 - C_5)}$ 时，$F'(1) < 0$，$F'(0) > 0$，$y = 1$ 是稳定的均衡策略；当

$x < \dfrac{C_1}{(H + N + C_2 - C_5)}$ 时，$F'(1) > 0$，$F'(0) < 0$，$y = 0$ 是稳定的均衡策略。

基于上述的分析，把服务发包企业 C 与服务承包企业 A 复制动态关系绘制

在以 x 和 y 为坐标系的平面图中，如图 5-2 所示：

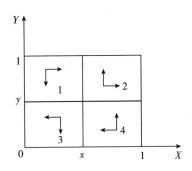

图 5-2 服务发包企业与服务承包企业的动态变化关系

根据图 5-2 中的箭头方向，此博弈过程的稳定均衡策略是（$x = 0$，$y = 0$）

和（$x = 1$，$y = 1$）。当博弈开始于图 5-2 中的 2 区时，博弈会逐渐演化到博弈稳

定策略（$x = 1$，$y = 1$），即是企业 A 承接服务外包，同时企业 C 选择进行服务外

包。当博弈开始于图 5-2 中的 3 区时，博弈会逐渐演化到博弈稳定策略（$x=0$，$y=0$），即是企业 A 不承接服务外包，同时企业 C 选择不进行服务外包。当博弈开始于图 5-2 中的 1 区和 4 区时，博弈会逐渐演化到博弈稳定策略（$x=0$，$y=0$）或者（$x=1$，$y=1$），表明在此种情形下博弈会最终演化为（承接，外包）和（不承接，不外包）两种均衡策略。这说明在此情形下随着国际服务外包的进行，由于国际服务发包方利益的不断降低，国际服务外包水平将会不断下降，使承包方获取国际服务外包的难度增加，而国际服务发包方利益的不断降低的原因主要是由于国际服务外包不同于国内服务外包，国际服务外包主要是利用承包地的廉价劳动力等资源，随着国际服务外包的发展，承包方的劳动力等资源趋向稀缺，并伴随着要素使用成本的上升，从而使国际服务外包带给双方的利益趋于减少。

在博弈中我们假设企业 A 和企业 C 都是有限理性的，所以每个参与主体在分别选择策略"承接""不承接"和"外包""不外包"时的概率可以看作在（0，1）上的均匀分布，则图 5-2 中每个区域的面积可以看作初始选择落在各区的概率，而图 5-2 中每个区域面积的大小又取决于 $x=\dfrac{C_1}{(H+N+C_2-C_5)}$ 和 $y=\dfrac{C_3}{(K+M-N+C_5)}$ 的大小。

下面以图 5-2 中的 2 区为对象，研究不同要素对国际服务外包博弈中各主体策略以及稳定均衡的影响。从图 5-2 中 2 区的箭头方向可以看到，该区域的面积与该博弈中参与主体企业 A 和企业 C 选择均衡策略（承接，外包）的概率成正比。当 x 和 y 的数值都变小时，图 5-2 中 2 区的面积增大，国际服务外包的两个主体初始选择更多的会落在 2 区，从而使演化为稳定的均衡策略（承接，外包）的概率增加，而且初始落在 1 区和 4 区时更可能演化为稳定的均衡策略（承接，外包）。这表明当 x 和 y 的数值都变小时，国际服务外包发生的可能性就会增大。

那么什么情形下 x 和 y 的值会变小呢？从 x 和 y 的表达式可以看到，当 C_1 和 C_3 减少时，x 和 y 的值会降低，这说明当国际服务外包的发包方和承包方在国际服务外包时沟通成本降低，国际服务外包成功概率更大，这意味着一个地区更加开放的政策和国际服务外包双方积极沟通的重要性。从 y 的表达式可以看到，当 K 和 M 增大时 y 降低，这说明当发包方在国际服务外包时能够给承包方带来更多的技术和管理知识时，承接国际服务外包的概率会增大。而且，根据张倩和刘志迎（2008）的研究，承接技术和管理知识对承包方的溢出效应取决于双方的技术差距水平，所以这个关系也表明国际服务外包时，发包方与承包方之间的技术差距对国际服务外包的概率有正的效应。另外，从 x 的表达式也可以看到，当 H 增大时，x 的值会降低。在本章中有关博弈过程的分析中假设人力资源包含劳动力和智力资源，所以从 H 变化后 x 的变化关系中，我们认为在国际服务外包的早期阶段承接国际服务外包的地区劳动力是相对丰富的资源，而智力资源是相对稀缺的资源，随着承接国际服务外包地区经济的发展，劳动力资源趋向稀缺，使用成本上升，同时随着国际服务外包的发展，承接地区智力资源会由稀缺趋向丰富，使用成本在下降。因此，对于国际服务外包的承包方来说，可以根据自身区域要素禀赋的变化，随着国际服务外包的不断发展，其承接的产业也要发生改变，如果还是承接全球价值链中劳动密集型服务环节，那么国际服务外包的水平就会降低，而转向承接全球价值链的高端服务业环节，承接国际服务外包的水平就会上升。

因此，基于以上的分析可以得到本章的第一个理论定理：

定理 5 - 1：发包方和承包方国际服务外包时沟通成本的降低有利于国际服务外包的发生；当发包方在国际服务外包时能够给承包方带来更多的技术和管理知识时，有利于国际服务外包的发生；随着国际服务外包的发展，承包方改变承接服务外包的环节能够改变承接国际服务外包的水平和效应。

2. 不考虑国际服务外包下的国内服务外包博弈分析

在本部分中分析服务外包的两个企业都处于同一国家内，但不考虑国际服务外包情形下承接国内服务外包的博弈过程。在此过程中两个博弈主体的收益和支付的表示符号和意义与上一部分完全相同，只是在本部分的分析中两个主体的有些收益和成本不存在或发生了改变。由于在同一个国家内部服务外包活动相对于国际服务外包沟通更加便捷，所以我们假定在国内服务外包中不存在沟通成本 C_1，承接国内服务外包与国际服务外包一样，对于承包方来说仍然能够从国内服务外包中获取技术和管理知识 M 以及资本 K 等收益。同时，由于国内服务外包提升企业在全球市场中的竞争力，而不是向国际服务外包一样获取承包国廉价的资源，所以国内服务外包两个主体面对的是相同的国内资源环境，因此不存在通过国内服务外包获取人力资源的问题。因此，对于国内服务外包的发包方企业 B 来说国内服务外包的主要原因是通过服务外包来实现自己的专业化生产，集中于核心竞争力的发展，所以国内服务外包的发包方主要是通过服务外包来提升核心竞争力获取利益，假定其 Z。我们假定国内服务外包的承包方企业 A 不在国内市场销售产品，所以国内服务外包的发包方也不存在由于承包方的技术被模仿产生的市场损失成本。当不发生国内服务外包行为时，A 企业自己获取相同的资本以及技术和管理知识要支付的成本为 C_6，发包方自己提供所需的服务内容需要支付的成本为 C_7。根据以上博弈双方的收益与成本分析，可以得到此博弈的支付矩阵如图 5 - 3 所示。

B 企业

		外包	不外包
	承接	$K+M$; Z	$-C_6$; $-C_7$
A 企业	不承接	$-C_6$; $-C_7$	$-C_6$; $-C_7$

图 5 - 3　不考虑承接国际服务外包下国内服务外包博弈的支付矩阵

注：表中上面的公式为 A 企业的支付，下面的公式为 B 企业的支付。

下面对博弈均衡进行分析，与承接国际服务外包时的分析相似，假设在该博弈中企业 A 选择"承接"国内服务外包的概率为 x $(0 \leqslant x \leqslant 1)$，则选择"不承接"的概率为 $1 - x$；同理企业 B 选择"外包"的概率为 y $(0 \leqslant y \leqslant 1)$，则选择"不外包"的概率为 $1 - y$。

与国际服务外包博弈过程中计算均衡的过程相似，按照相同的方法可以得到企业 A 的复制动态方程为（计算过程见附录 C）：

$$\frac{dx}{dt} = x(E_{A1} - E_A) = F(x) = x(1 - x)[y(K + M - C_6)] \qquad (5 - 8)$$

复制动态方程（5-8）的一阶导数为：

$$F'(x) = (1 - 2x)[y(K + M - C_6)] \qquad (5 - 9)$$

根据复制动态方程(5-8)可知，当 $y = 0$ 时，$F(x)$ 始终为 0，这说明对于任何 x 都是稳定状态。同时，由于 $0 \leqslant y \leqslant 1$，其中当 $0 < y \leqslant 1$ 时，$F'(1) < 0$，$F'(0) > 0$，$x = 1$ 是稳定的均衡策略。

同理按照企业 A 在博弈中的分析，经过相似的分析方法，可以得到国内服务发包企业 B 的复制动态方程为：

$$\frac{dy}{dt} = F(y) = y(1 - y)[x(Z - C_7)] \qquad (5 - 10)$$

复制动态方程（5-10）的一阶导数为：

$$F'(y) = (1 - 2y)[x(Z - C_7)] \qquad (5 - 11)$$

根据复制动态方程(5-10)可知，当 $x = 0$ 时，$F(y)$ 始终为 0，这说明对于任何 y 都是稳定状态。同时，由于 $0 \leqslant x \leqslant 1$，其中当 $0 < x \leqslant 1$ 时，$F'(1) < 0$，$F'(0) > 0$，$y = 1$ 是稳定的均衡策略。

基于上述的分析，把服务发包企业 B 与服务承包企业 A 复制动态关系绘制在以 x 和 y 为坐标系的平面图中，如图 5-4 所示：

根据图 5-4 中的箭头方向，此博弈过程的稳定均衡策略是 $(x = 1，y = 1)$。当博弈开始于图 5-4 中 1 区的任何位置时，博弈都会逐渐演化到唯一的博弈稳定策略 $(x = 1，y = 1)$，即是企业 A 承接国内服务外包，同时企业 B 选择进行国内服务外包。也就是说不论初始的 x 和 y 的数值是大还是小，该博弈过程都会达到稳定的均衡策略（外包，承接）。

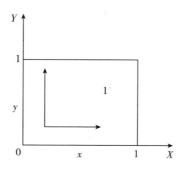

图 5-4　不考虑国际服务外包时发包企业与承包企业的动态变化关系

同时在博弈均衡分析时可以看到，x 和 y 的表达式不同于国际服务外包博弈中的表达式，在国内服务外包的博弈过程中 x 和 y 的数值不会随着参数的变化而变化，即任何外生变量都不会影响国内服务外包成功的概率。这表明国内服务外包的发生不会受到服务外包过程中转移的技术和管理知识、双方的技术差距水平以及人力资源的影响，这也说明了承接国内服务外包与国际服务外包相比，受到外部影响的可能性要小得多。

因此，基于以上的分析可以得到本章的第二个理论定理：

定理 5-2：技术和管理知识、双方的技术差距以及人力资源等外生变量不会影响国内服务外包水平的发生；任何概率下的国内服务外包意愿最终都会产生国内服务外包，国内服务外包不存在外包陷阱。

3. 考虑国际服务外包下的国内服务外包博弈分析

在上部分中分析了服务外包的两个企业都处于同一国家内，但没有考虑国际服务外包情形下承接国内服务外包的博弈过程，那么如果同时考虑国际服务外包与国内服务外包时，国内两个企业之间国内服务外包的博弈又会出现什么样的情形呢？在此过程中两个博弈主体的收益和支付的表示符号和意义还是与上一部分完全相同，只是在本部分的分析中两个主体有些收益和成本不存在或发生了改变。改变的地方在于，A 企业同时承接国内服务外包与国际服务外包时，假设 A 企业由于自身的能力限制，承接服务外包的总量是一定的。所以，假设承接国内服务外包获取的技术和管理知识 M 以及资本 K 等占总收益的比重为 α，同样假设承接国际服务外包获取的技术和管理知识 M 以及资本 K 等占总收益的比重为 β，$\alpha + \beta = 1$。就像在第二部分博弈中分析的那样，在同一个国家内部服务外包活动相对于国际服务外包沟通更加便捷，所以我们假定在国内服务外包中不存在沟通成本 C_1。对同时承接国际与国内服务外包的承包方来说，假定整个承包过程中获取总的技术和管理知识 M 以及资本 K 等收益，则对于承包方来说从国内服务外包中获取技术和管理知识以及资本等收益为 $\alpha (K + M)$。在此情形下，国内服务外包的发包方仍然是通过服务外包来提升核心竞争力获取利益，假定其为 Z。还是与第二个博弈过程一样，假定国内服务外包的承包方企业 A 不在国内市场销售产品，所以国内服务外包的发包方也不存在由于承包方的技术被模仿产生的市场损失成本。当不发生国内服务外包行为时，A 企业自己获取相同的资本以及技术和管理知识要支付的成本为 C_6，发包方自己提供所需的服务内容需要支付的成本为 C_7。根据以上的博弈双方的收益与成本分析，可以得到此博弈的支付矩阵如图 5-5 所示。

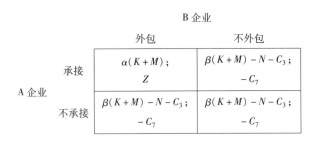

图 5-5　考虑承接国际服务外包下国内服务外包博弈的支付矩阵

注：表中上面的公式为 A 企业的支付，下面的公式为 B 企业的支付。

　　下面对博弈均衡进行分析，仍然假设在该博弈中企业 A 选择"承接"

国内服务外包的概率为 x（$0 \leqslant x \leqslant 1$），则选择"不承接"的概率为 $1-x$；同理企业 B 选择"外包"的概率为 y（$0 \leqslant y \leqslant 1$），则选择"不外包"的概率为 $1-y$。

与国际服务外包博弈过程中计算均衡的过程相似，按照相同的方法可以得到企业 A 的复制动态方程为（计算过程见附录 D）：

$$\frac{dx}{dt} = x(E_{A1} - E_A) = F(x) = x(1-x)[y(\alpha-\beta)(K+M)-(N+C_3)] \quad (5-12)$$

复制动态方程（5-12）的一阶导数为：

$$F'(x) = (1-2x)[y(\alpha-\beta)(K+M)-(N+C_3)] \quad (5-13)$$

根据复制动态方程(5-12)可知，当 $y = \dfrac{(N+C_3)}{(\alpha-\beta)(K+M)}$ 时，$F(x)$ 始终为 0，这说明对于任何 x 都是稳定状态。假如 $y \neq \dfrac{(N+C_3)}{(\alpha-\beta)(K+M)}$，这时 $x=0$ 和 $x=1$ 是两个均衡状态。其中，当 $y > \dfrac{(N+C_3)}{(\alpha-\beta)(K+M)}$ 时，$F'(1)<0$，$F'(0)>0$，$x=1$ 是稳定的均衡策略；当 $y < \dfrac{(N+C_3)}{(\alpha-\beta)(K+M)}$ 时，$F'(1)>0$，$F'(0)<0$，$x=0$ 是稳定的均衡策略。

同理按照企业 A 在博弈中的分析，经过相似的分析方法，可以得到国内服务发包企业 B 的复制动态方程为：

$$\frac{dy}{dt} = F(y) = y(1-y)[x(Z-C_7)] \quad (5-14)$$

复制动态方程（5-14）的一阶导数为：

$$F'(y) = (1-2y)[x(Z-C_7)] \quad (5-15)$$

根据复制动态方程(5-15)可知，当 $x=0$ 时，$F(y)$ 始终为 0，这说明对于任何 y 都是稳定状态。同时，由于 $0 \leqslant x \leqslant 1$，其中当 $0 < x \leqslant 1$ 时，$F'(1)<0$，$F'(0)>0$，$y=1$ 是稳定的均衡策略。

基于上述的分析，把服务发包企业 B 与服务承接企业 A 复制动态关系绘制

在以 x 和 y 为坐标系的平面图中，如图 5-6 所示：

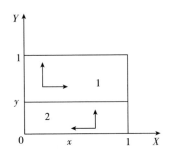

图 5-6　考虑国际服务外包时发包企业与承包企业的动态变化关系

根据图 5-6 中的箭头方向，此博弈过程的稳定均衡策略是（$x=1$，$y=1$）。当博弈开始于图 5-6 中 1 区的任何位置时，博弈都会逐渐演化到唯一的博弈稳定策略（$x=1$，$y=1$），即企业 A 在承接国际服务外包同时也承接国内服务外包，企业 B 选择国内服务外包。当博弈开始于图 5-6 中 2 区的任何位置时，博弈会逐渐演化到博弈稳定策略（$x=1$，$y=1$）或（$x=0$，$y=0$），即企业 A 在承接国际服务外包同时可能承接也可能不承接国内服务外包，企业 B 可以选择也可以不选择国内服务外包。

在该博弈过程中同样假设企业 A 和企业 C 都是有限理性的，所以每个参与主体在分别选择策略"承接""不承接"和"外包""不外包"时的概率可以看作在（0，1）上的均匀分布，则图 5-6 中每个区域的面积可以看作初始选择落在各区的概率，而图 5-6 中的每个区域面积的大小又取决于 $y=\dfrac{(N+C_3)}{(\alpha-\beta)(K+M)}$ 的大小。以图 5-6 中的 1 区为对象，研究不同要素对企业 A 同时承接国际服务外包与国内服务外包博弈中各主体策略以及稳定均衡的影响。从图 5-6 中 1 区的箭头方向可以看到，该区域的面积与该博弈中参与主体企业 A 选择策略承接国内服务外包的概率成正比。当 y 的数值变小时，图 5-6 中 1 区的面积增大，两个主体初始选择更多的会落在 1 区从而演化为稳定的均衡策略（承接，外包）的概率增加。

那么什么情形下 y 的值会变小呢？从 y 的表达式可以看到，当 C_3 减少时 y 的值会降低，这说明当国际服务外包的发包方和承包方在国际服务外包时沟通成本降低，也有利于提升国内服务外包成功概率，这意味着一个地区更加开放的政策不仅对承接国际服务外包有利，同样对国内服务外包的发生具有重要的影响。从 y 的表达式可以看到，当 K 和 M 增大时 y 降低，由于在本博弈过程中假定 K 和 M 为两种服务外包获取的总技术和管理知识，这种结果表明不论服务外包中的技术溢出效应来自于哪种服务外包，对承接国内服务外包都有促进作用，这说明如果承接国际服务外包具有更大的溢出效应，对承接国内服务外包反而具有促进作用。

从 y 的表达式还可以看到，其取值随着 $(\alpha - \beta)$ 的增大而减小，增大 α 减小 β 可以增大 $(\alpha - \beta)$ 的值。根据前文的假设可知，增大 α 减小 β 意味着企业 A 要提高承接国内服务外包的比重，降低承接国际服务外包的比重，也即是说要想达到国内服务外包的均衡策略，要减少承接国际服务外包的数量。

因此，基于以上的分析可以得到本章的第三个理论定理：

定理 5 - 3：同时承接国际服务外包下，国内服务外包受到开放程度、技术和知识溢出以及承接国际服务外包的比重影响；开放程度、技术和知识溢出的提高有利于国内服务外包的发生；国际服务外包比重的降低有利于国内服务外包的发生，这意味着承接国际服务外包与国内服务外包之间存在替代关系，通过承接国内服务外包的替代能够实现承接国际服务外包陷阱的跨越。

第三节　实证模型设定与变量说明

一、计量模型设定

在本章第二部分中通过数理模型推导可以看到，基于国内价值链的国内服务外包对基于全球价值链的国际服务外包具有替代作用，在本部分中将通过构建计量模型来实证分析国际服务外包与国内服务外包的替代。对相互关系的替代在实证模型分析时可构建联立方程的方式来实现（伍德里奇，1999），所以本章中计量方程就选择联立方程模型。

通过本章模型分析中的理论定理 5 - 3 可以看出，在同时承接国际服务外包与国内服务外包时，两者之间存在相互的替代关系，通过承接国内服务外包的替代能够实现承接国际服务外包陷阱的跨越。我国承接国际服务外包向价值链中附加值高的环节攀升，会在全球市场中与发达国家发生竞争。此时，发达国家会利用自身的优势对我国的产业升级进行纵向压榨，从而产生低端锁定。为此，我国在承接国际服务外包时，应该利用我国的国内市场，通过延长全球价值链构建国内价值链，实现承接国际服务外包陷阱的跨越。从我国的实际情况来看，我国企业在承接国际服务外包的同时也承接国内服务外包，尽管承接国内服务外包的水平还是比较低的，但是随着我国生产性服务业的发展，国内市场的不断发展和市场机制的完善，国内服务外包水平在不断地提升。随着承接国内服务外包水平的提升，承接国内服务外包带来技术创新能力的提升，承包方会不断积累弹性生产规模制造、物流能力等方面的"在位优势"，提升自己在全球价值链中的位置。所以，通过承接服务外包进行产业升级，国际服务外包会受到国内服务外包的替代，承接国际服务外包程度不断降低。而且，一些国外的经验研究表明，通过国内服务构建国内价值链进入区域性和全球市场，会在全球价值链中表现更强的升级能力。

另外，在本章的模型分析中也可以看到，承接国际服务外包除了受到国内服务外包的影响之外，还受到其他外生变量的影响；承接国内服务外包除了受到国际服务外包的影响外，同样也会受到其他外生变量的影响。Kearney（2007）从发包方的角度研究选择服务外包地点时考虑的因素，认为承接服务外包地点的财务成本结构、基础商业环境以及提供商的能力会影响发包方的地点选择。孙晓琴（2008）则认为一个城市的国际化经营能力、特色产业和环境优势会影响其承接服务外包的能力。高觉民和刘文斌（2010）从商业因素、人力资本、基础设施、网络设施四个方面对我国 12 个服务外包基地城市的接包能力进行了分析比较。刘艳（2010）研究认为，基础设施水平、人力资本、以英语作为官方语言的国家、市场自由度越高的国家承接国际服务外包水平越高。所以，本书基于前文中理论分析中提出的影响因素，结合相关承接服务外包影响因素的文献，选取产业发展水平、政策支持、技术差距、人力资本水平作为影响承接国际服务外包的外生影响因素。

综上所述，本章中构建联立方程的第一个方程为：

$$EOSS_{it} = \alpha_0 + \alpha_1 IOSS_{it} + \alpha_2 \ln(IND_{it}) + \alpha_3 \ln(FRE_{it}) + \alpha_4 \ln(PRO_{it}) +$$
$$\alpha_5 \ln(HUM_{it}) + \varepsilon_{it} \qquad\qquad (5-16)$$

从理论分析过程可以看到，在促进产业升级时承接国际服务外包与承接国内服务外包之间存在替代作用，所以反过来说承接国内服务外包的产业升级效应也会受到承接国际服务外包的影响。在承接国内服务外包后企业还要进入国际市场，实现自身在全球价值链位置的攀升，从而更好地构建国内价值链。国内企业在承接国内服务外包构建国内价值链的过程中，可以将自身在承接国际服务外包时所学习和积累的高级生产要素融会在新的国内价值链中，帮助企业更好地承接国内服务外包，从而促进产业升级。除了国内服务外包与国际服务外包的替代关系外，在本章的理论分析中同时得到了国际服务外包与国内服务外包的影响因素。结合理论分析中影响国际服务外包与国内服务外包的因素，本书选择产业发展水平、政策支持、人力资本水平和资源禀赋作为影响承接国内服务外包的外生影响因素。

综上所述，本章中构建联立方程的第二个方程为：

$$IOSS_{it} = \alpha_0 + \alpha_1 EOSS_{it} + \alpha_2 \ln(IND_{it}) + \alpha_3 \ln(FRE_{it}) + \alpha_4 \ln(KLR_{it}) +$$
$$\alpha_5 \ln(HUM_{it}) + \mu_{it} \qquad\qquad (5-17)$$

另外，根据本书第二章中对承接国际服务外包和国内服务外包水平的计算方法，对任何一个产业来说承接总服务外包满足：$OSS = EOSS + IOSS$。基于此，我们在本章中引入一个结构方程中的定义方程：

$$OSS_{it} = \gamma_0 + \gamma_1 EOSS_{it} + \gamma_2 IOSS_{it} + \omega_{it} \qquad\qquad (5-18)$$

基于本书第三章的数理模型分析和第四章的实证检验，我们认为在全球经济中的产业升级，可以转化为承接国际服务外包与承接国内服务外包之间是否存在相互替代的问题，在上一部分中从数理推导中已经得出了承接国际服务外包与承接国内服务外包之间的相互替代关系，在本部分中将利用方程（5-16）、方程（5-17）和方程（5-18）组成的联立方程模型，对本章中的理论命题进行实证研究。

在方程（5-16）、方程（5-17）和方程（5-18）组成的联立方程模型中，i 表示本书中在第二章选定的 24 个行业，t 表示 2009 ~ 2018 年，$IOSS_{it}$、$EOSS_{it}$ 和 OSS_{it} 是内生变量，$\ln(IND_{it})$、$\ln(FRE_{it})$、$\ln(PRO_{it})$、$\ln(HUM_{it})$ 和 $\ln(KLR_{it})$ 是外生变量，ε_{it}、μ_{it} 和 ω_{it} 为误差项。

二、变量说明

（1）承接国际服务外包变量（$EOSS$）、承接国内服务外包变量（$IOSS$）、总服务外包变量（OSS）和技术差距变量（PRO）在前文的经验分析中已经对其计算方法做了详细说明，本章中继续沿用关于这些变量的计算方法和变量意义。

（2）产业规模（IND）。在本章中用产业规模来度量产业发展水平，具体用制造业各行业规模以上国有及非国有企业的工业产出指标进行度量，为了去除价格因素的影响，利用价格指数进行调整，具体的数据来自于 2009～2018 年的《中国工业经济统计年鉴》。

（3）资本劳动比率（KLR）。用来反映产业的资源禀赋结构，具体用第 t 年 i 行业的固定资产净值年平均余额除以第 t 年 i 行业的全部年平均人数。

（4）人力资本水平变量（HUM）。参照人力资本度量通常使用的方法，书中用各年高中毕业生数量进行度量，具体数据来自于 2009～2018 年的《中国统计年鉴》。

（5）政策支持（FRE）。政府支持力度大说明产业发展环境好，具体用制造业各行业中的政府支出科研经费来表示，具体的计算数据来自 2009～2018 年的《中国科技统计年鉴》。

第四节　模型检验与实证分析

一、实证方法与模型具体设定

根据本章第三部分的分析，拟选择结构方程模型作为实证分析的基础，按照结构方程模型的分析思路，在进行实证分析承接国际服务外包与国内服务外包的关系时，必须要对结构方程模型的识别问题进行研究。本章中设置的结构方程模型中包含三个基本方程，在这三个构成方程中包含三个内生变量，所以可以从结构方程模型中其他方程包含的本方程不包含的变量系数矩阵来构造一个四阶非零行列式。通过计量经济学有关联立方程秩条件识别判断法，本章中所列出的结构方程是可以识别的。按照本章的变量说明，方程（5－16）中含有四个外生变量和两个内生变量，而整个联立方程中则有五个外生变量，所以根据有关联立方程秩条件识别判断法，可以判定方程（5－16）在整个联立方程中是可以恰好识别的方程。同样的识别方法，可以看到结构方程中的方程（5－17）也是属于恰好识别的方程，而方程（5－18）则属于过度识别的方程。

对于结构方程的估计问题，如果一个结构方程中构成方程由两个或两个以上的方程组成，采用系统估计法要比一般的 2SLS（两阶段最小二乘法）对每一个构成方程逐个估计更加有效。在具体用系统估计法对结构方程模型进行估计时，常用的方法是 3SLS（三阶段最小二乘法）。所以，本章中利用 3SLS 对结构方程模型进行估计，同时根据第二章以及本章中有关变量设置的说明，本章中仍然使用的是面板数据。而且，在结构方程模型中虽然有些变量是外生变量，但是这些外生变量的内生性问题是依然存在的。例如，产业基础较好的产业往往人力资本水平较高，能够获得更多的政策支持。因此，为了尽量解决结构方程中可能包含的内生性问题，本章在进行方程回归时对所有的外生变量都采用滞后一期或者滞后两期的方法进行处理，以期尽可能地解决内生性对估计结果产生偏差的影响。

二、实证结果分析

本部分依据前文中有关变量的设置说明和结构方程模型的估计方法，利用第二章中的 24 个行业的所有变量 2009～2018 年的数据，采用三阶段最小二乘法（3SLS），对外生变量采用滞后一期和两期的方法对结构方程进行估计，但在实证分析时还是以外生变量的滞后一期为主。同时，在本部分还采用两阶段最小二乘法（2SLS）进行回归，以此作为稳健性检验。

1. 承接国际服务外包与国内服务外包的关系

利用三阶段最小二乘法对结构方程进行估计，具体结果如表 5－1 所示。从表 5－1 的估计结果来看，结构方程中方程（5－16）的承接国内服务外包变量的系数在滞后零期是不显著的，但是符号是负值。在滞后一期和滞后二期中估计结果为负值，而且是非常显著的，这说明在总样本中承接国内服务外包会减少承接国际服务外包的水平。同样，在结构方程中方程（5－17）的承接国际服务外包变量的系数也是负值，并且是显著的。这同样说明在总样本中承接国际服务外包会抑制承接国内服务外包的水平。因此，结合结构方程模型中的方程（5－16）和方程（5－17）的估计结果，可以看出承接国际服务外包与承接国内服务外包之间存在双向的负相关关系。这表明我国在承接服务外包时，国际服务外包与国内服务外包之间存在相互的替代关系。

表 5－1　总样本的 3SLS 估计结果

	方程（5－16）			方程（5－17）			方程（5－18）		
	滞后零期	滞后一期	滞后二期	滞后零期	滞后一期	滞后二期	滞后零期	滞后一期	滞后二期
$IOSS$	－0.339**	－0.245**	－0.307**	—	—	—	0.744**	0.636**	0.780**
	(0.096)	(0.104)	(0.175)				(0.225)	(0.233)	(0.167)
$EOSS$	—	—	—	－0.175**	－0.296**	－0.199**	0.308*	0.421*	0.349**
				(0.078)	(0.089)	(0.077)	(0.156)	(0.203)	(0.144)
$\ln(IND)$	0.310**	0.355*	0.264**	0.221	0.295*	0.266**			
	(0.158)	(0.177)	(0.095)	(0.199)	(0.146)	(0.123)			
$\ln(FRE)$	0.042	0.113**	0.157**	0.233**	0.135**	0.142**			
	(0.120)	(0.042)	(0.061)	(0.099)	(0.075)	(0.054)			
$\ln(HUM)$	0.345**	0.367**	0.289**	0.417**	0.510**	0.456**			
	(0.097)	(0.105)	(0.111)	(0.132)	(0.168)	(0.157)			
$\ln(PRO)$	0.115**	0.132**	0.141**						
	(0.024)	(0.016)	(0.043)						
$\ln(KLR)$	—	—	—	－0.074	－0.204	－0.208			
				(0.131)	(0.225)	(0.197)			
常数项	－15.361**	－11.206**	－13.867**	－4.706**	－4.909**	－2.931	1.166**	1.237**	1.361**
	(4.257)	(5.333)	(3.414)	(2.022)	(2.804)	(8.689)	(0.436)	(0.440)	(0.596)
R^2	－3.639	－1.459	－3.375	－0.016	－0.140	0.090	0.401	0.435	0.320
样本数	240	240	240	240	240	240	240	240	240

注：①＊和＊＊分别表示5%和1%的显著性。②表中括号内的数值是标准误。③对于三阶段最小二乘法（3SLS）来说，对参数进行估计时一些回归元会作为工具变量进入模型，但我们的目的是估计结构模型，实际值不是右边内生变量的工具变量，其将被用来计算 R^2。模型的残差将依据估计模型回归元的不同集合来计算。因此，3SLS 和 2SLS 估计将不再局限于被解释变量的一个不变模型之内，残差平方和也不再受到小于总平方和的约束，此时就可能出现负的 R^2。

对于国际服务外包与国内服务外包之间的替代关系，除了从理论中得出的结论之外，本章中将结合我国东部地区经济发展的现实情形做出解释。从国际服务外包对国内服务外包的抑制作用来分析，我国东部地区很多企业加入全球价值链承接国际服务外包都具有向加工贸易两头在外的特性，即从国外承接服务外包，再把成品服务出口到国外市场。外资主导的外向型承接国际服务外包的模式，由于国外企业会考虑服务质量、市场偏好以及信息交流等方面的不利影响，对国内采购比率不高，无法延长全球价值链到国内环节。另外，东部地区承接国际服务外包还主要是一些低附加值的服务环节，并没有到达附加值高的环节，实际上这也是一种承接国际服务外包的低端锁定。这种低端锁定也使国内企业之间无法利用劳动禀赋优势和空间产业梯度差异来实现国内服务外包，由此导致承接国际服务外包的产业关联效应较低，无法通过国内服务外包延伸国内价值链。在全球价值链下的国际服务外包，本身可以通过技术转移帮助承接服务外包方实现产品升级和工业升级的产业升级效应，但是按照前面章节的分析，又会将自身与承接服务外包企业的技术溢出限制在安全的范围内阻碍产业升级。所以，承接国际服务外包会阻碍国内服务外包的发展，限制了承接国内服务外包构建国内价值链的产业升级效应。

下面分析国内服务外包对国际服务外包的替代关系，按照前文的分析，承接国内服务外包能够带来产业升级效应，而且本章中的实证分析中也可以看出承接国内服务外包能够替代国际服务外包。国内服务外包替代国际服务外包是我国产业升级的最佳选择，在企业承接国际服务外包对其价值链位置攀升出现抑制作用时，通过国内服务外包的发展可以降低这种抑制作用。在发达地区承接国际服务外包的情形下，会形成国内产业发展的割裂状态，发达地区依然被锁定在全球价值链的低端。发达地区的企业改变这种状态最有效的途径就是通过国内服务外包的发展构建国内价值链，在此基础上，构建国内价值链，建立发达地区和欠发达地区的产业联系，使发达地区的企业有选择地承接国际服务外包的内容，从而实现整体国内价值链的提升。而且，国内服务外包需求的增长态势也是对国际服务外包的替代原因，如近两年，国内企业计划外包的职能范围不断扩展，刺激中国 BPO 内需市场需求持续释放。部分专注于离岸外包市场的企业也纷纷掉头转向了国内市场，希望在日益红火的国内市场上抢占一席之地。据 IDC 统计，2012 年中国 BPO 市场以 23.5% 的年增长率稳健攀升，市场规模达到 10.6 亿美元。

　　为了进一步分析国际服务外包与国内服务外包之间的替代，在本部分实证分析中还参照第四章的分析方法，把总样本按照不同要素密集度分为劳动密集型、资本密集型和技术密集型产业进行了估计，估计方法依然采用三阶段最小二乘法，外生变量选择滞后一期，具体估计结果如表 5-2 所示。从表 5-2 的估计结果可以看出，三类不同要素密集度的产业都存在国际服务外包与国内服务外包的替代关系。具体来说技术密集型产业中相互替代关系是最大的，这说明相对于劳动密集型产业，在我国技术密集型产业中更容易通过国内服务外包来替代国际服务外包。并且我国技术密集型产业中国内服务外包市场的发展比较迅速，如医药研发行业、金融服务业和电信服务业等。

表 5-2　分样本的 3SLS 估计结果（外生变量滞后一期）

	方程（5-16）			方程（5-17）			方程（5-18）		
	劳动密集型	资本密集型	技术密集型	劳动密集型	资本密集型	技术密集型	劳动密集型	资本密集型	技术密集型
$IOSS$	-0.126** (0.043)	-0.279** (0.097)	-0.313** (0.114)	—	—	—	0.687** (0.174)	0.721** (0.212)	0.774** (0.375)
$EOSS$	—	—	—	-0.125** (0.044)	-0.268** (0.111)	-0.299** (0.123)	0.404* (0.178)	0.452* (0.211)	0.378** (0.188)
$\ln(IND)$	0.268 (0.216)	0.251 (0.198)	0.270 (0.184)	0.243 (0.221)	0.273 (0.197)	0.286 (0.192)	—	—	—
$\ln(FRE)$	0.112** (0.032)	0.125** (0.046)	0.134** (0.055)	0.167** (0.067)	0.182** (0.064)	0.189** (0.043)	—	—	—
$\ln(HUM)$	0.276** (0.088)	0.354** (0.123)	0.319** (0.087)	0.328** (0.111)	0.337** (0.121)	0.376** (0.134)	—	—	—

续表

	方程（5 - 16）			方程（5 - 17）			方程（5 - 18）		
	劳动密集型	资本密集型	技术密集型	劳动密集型	资本密集型	技术密集型	劳动密集型	资本密集型	技术密集型
$\ln(PRO)$	0.101 ** (0.036)	0.129 ** (0.027)	0.117 ** (0.031)	—	—	—	—	—	—
$\ln(KLR)$	—	—	—	0.114 (0.085)	0.125 (0.122)	0.143 (0.094)	—	—	—
常数项	− 8.933 ** (3.541)	− 10.191 ** (3.470)	− 4.268 (49.461)	− 6.124 (5.108)	− 4.409 (4.514)	− 4.078 * (2.219)	0.697 ** (0.273)	1.029 ** (0.418)	0.696 (0.500)
R^2	0.094	− 2.691	− 3.278	− 0.067	− 0.045	0.195	0.721	0.630	0.497
样本数	110	70	60	110	70	60	110	70	60

注：①*和**分别表示5%和1%的显著性。②表中括号内的数值是标准误。③对于三阶段最小二乘法（3SLS）来说，对参数进行估计时一些回归元会作为工具变量进入模型，但我们的目的是估计结构模型，实际值不是右边内生变量的工具变量，其将被用来计算 R^2。模型的残差将依据估计模型回归元的不同集来计算。因此，3SLS 和 2SLS 估计将不再局限于被解释变量的一个不变模型之内，残差平方和也不再受到小于总平方和的约束，此时就可能出现负的 R^2。

2. 外生变量的估计结果分析

在结构方程中除了包含内生变量之外，还有一部分外生变量，这部分外生变量主要是影响承接国际服务外包与国内服务外包的因素，通过分析这些估计结果也有一定的理论和实践意义。

从总样本外生变量滞后一期的估计结果来看，产业规模对承接服务外包的影响是不显著的。从产品外包来看，考虑到范围经济与规模经济效应，大企业倾向于不外包制造环节，而是自己来完成。但是服务和产品在属性上有很大不同，服务环节如果不外包而自己来完成反而会限制范围经济和规模经济的实现，同时产业规模越大产品生产越复杂，当处于超过有效规模边界后也会提高管理协调成本。产业规模小产品相对简单，因此对服务的需求也会减少，但是小企业无法实现规模效应，一些组织运营服务的外包需求又会比较大。

总体样本中政策支持变量的三阶段最小二乘法滞后一期的估计结果在方程

（5－16）和方程（5－17）中都是显著的正值，说明政策支持有利于提高承接国际服务外包和国内服务外包的水平。限制服务外包发展的往往不是市场和技术，有时候更多的是服务外包合约的有效执行能力，而这取决于承接服务外包国家的政策环境、宏观制度环境以及法律环境等（江小涓，2008）。Bonassi 和 Altomonte（2004）研究认为承接服务外包国家的政策支持力度越大，承接服务外包的力度越大。例如，许多外包承接国如印度、菲律宾和马来西亚等的实践都表明，政府支持在服务外包产业的健康发展中扮演着重要的角色。

人力资本变量的三阶段最小二乘法滞后一期的估计结果在方程（5－16）和方程（5－17）中也是显著的正值，从发包方的角度来看，在选择承包方时会考虑满足其外包服务需求的人才可供性程度。从承接方的视角来看，人力资本可以从要素效应、外部效应和技术外溢效应促进服务外包产业的发展。

本章中的资本劳动比率变量反映的是资源禀赋结构，在承接国内服务外包变量的结构方程（5－17）中是不显著的，说明禀赋结构并不影响承接国内服务外包的水平。这说明国内服务外包并不会考虑地域间的禀赋差距，而且国内区域间资源流动比较方便，可以在一定程度上降低禀赋结构对承接服务外包的影响。而且，服务外包不像制造业外包主要是通过外包达到便利利用资源的作用，服务对资源的消耗要小很多，并不太注重对资源的依赖，所以也导致了国内服务外包并不会受地区资源禀赋的影响。

国际服务外包方程（5－16）中技术差距的回归结果都是显著的，说明技术差距能够提高承接服务外包的水平。有关技术差距的意义在前文的实证分析中已经做了详细的说明，技术差距能够提高承接服务外包的产业升级效应，而且技术差距越大越能够激励企业去承接更多的国际服务外包，所以这个变量的符号和显著性是符合预期的。同时，地区之间的技术差距越大，说明产业梯度就越大，因而越有可能发生服务外包。

从不同要素密集度样本的估计结果来看，外生变量在不同要素密集度的产业间并没有明显的差异，只是估计结果出现了改变而显著性没有发生任何变化。在三种类型的行业中政策支持和人力资本对承接国际服务外包和国内服务外包仍然具有显著正效应，产业规模对承接两种服务外包的影响还是不显著的。在三种行业中技术差距对承接国际服务外包依然具有促进作用，而资源禀赋对承接国内服务外包还是没有显著的影响。

3. 稳健性检验

在对联立方程模型进行估计时，虽然满足了可识别的秩条件后是可以估计的，但是也不能排除结构方程中会存在多重共线性的问题，所以在本部分中为了分析这种影响，先对外生变量采取了逐步回归的方法，最后再一起进入模型进行回归，从而对上部分的估计结果进行稳健性检验。具体估计结果如表 5 - 3 所示，从表 5 - 3 可以看到，方程（5 - 16）和方程（5 - 17）中的承接国际服务外包与承接国内服务外包的替代作用并没有发生变化，仍然存在显著的替代作用。从外生变量的估计结果来看，稳健性检验的结果并没有改变本章前部分有关外生变量的结论，政策支持和人力资本仍然是能够促进服务外包的发展的，而产业规模的影响还是不显著的。就承接国际服务外包来说，技术差距仍然对承接国际服务外包有显著的促进作用。在承接国内服务外包方面，资源禀赋并不会带来承接国内服务外包水平的显著提升。

表 5 - 3   总样本的稳健性检验估计结果

	方程（5 - 16）		方程（5 - 17）		方程（5 - 18）	
	2SLS（滞后一期）	逐步回归	2SLS（滞后一期）	逐步回归	2SLS（滞后一期）	逐步回归
$IOSS$	- 0. 514 ** (0. 167)	- 0. 415 ** (0. 195)	—	—	0. 630 ** (0. 243)	0. 447 ** (0. 174)
$EOSS$	—	—	- 0. 204 * (0. 108)	- 0. 231 ** (0. 064)	0. 182 ** (0. 079)	0. 251 ** (0. 112)
$\ln(IND)$	0. 342 (0. 177)	0. 268 (0. 208)	0. 215 (0. 156)	0. 250 (0. 224)	—	—
$\ln(FRE)$	0. 134 ** (0. 026)	0. 118 ** (0. 042)	0. 123 ** (0. 021)	0. 154 ** (0. 054)	—	—

续表

	方程（5-16）		方程（5-17）		方程（5-18）	
	2SLS（滞后一期）	逐步回归	2SLS（滞后一期）	逐步回归	2SLS（滞后一期）	逐步回归
ln(HUM)	0.281 **	0.237 **	0.323 **	0.295 **	—	—
	(0.045)	(0.079)	(0.101)	(0.123)		
ln(PRO)	0.130 **	0.126 **	—	—	—	—
	(0.033)	(0.047)				
ln(KLR)	—	—	0.064	0.077	—	—
			(0.121)	(0.117)		
常数项	-10.839	156.164	-1.807	-1.131	-6.369	-4.706
	(7.804)	(299.674)	(6.479)	(2.727)	(8.297)	(3.491)
R^2	-1.266	-6.888	-1.196	-0.059	0.120	0.495
样本数	240	240	240	240	240	240

注：①＊和＊＊分别表示5%和1%的显著性。②表中括号内的数值是标准误。③对于三阶段最小二乘法（3SLS）来说，对参数进行估计时一些回归元会作为工具变量进入模型，但我们的目的是估计结构模型，实际值不是右边内生变量的工具变量，其将被用来计算R^2。模型的残差将依据估计模型回归元的不同集合来计算。因此，3SLS和2SLS估计将不再局限于被解释变量的一个不变模型之内，残差平方和也不再受到小于总平方和的约束，此时就可能出现负的R^2。

本章小结

当我国利用承接国际服务外包实现产业升级时，由于承接国际服务外包陷阱的抑制作用而无法完成在全球价值链中的进一步攀升时，如果没有国内服务外包，就无法利用我国地区间和产业间的梯度差异扩展国内价值链来实现进一步的升级。因此，在我国开放条件下通过服务外包来实现产业升级时，要从根本上依赖于国内服务外包对国际服务外包的替代，依赖于国际竞争从企业对链条转换为链条对链条。通过本章的分析，我们认为无论从数理模型分析还是从实证分析都支持了承接国内服务外包能够替代国际服务外包的结论，这为我国跨越承接国际服务外包陷阱的政策制定提供了理论和实证基础。

一、理论分析结论

（1）在只有国际服务外包时，发包方和承包方国际服务外包时沟通成本的降低有利于国际服务外包的发生；发包方在国际服务外包时能够给承包方带来更多的技术和管理知识时有利于国际服务外包的发生；随着国际服务外包的发展，承包方改变承接服务外包的环节能够改变承接国际服务外包的水平和效应。

（2）在只有国内服务外包时，技术和管理知识、双方的技术差距以及人力资源等外生变量不会影响国内服务外包水平的发生；任何概率下的国内服务外包意愿最终都会产生国内服务外包。

（3）当同时承接国际服务外包与国内服务外包时，国内服务外包发生受到开放程度、技术和知识溢出以及承接国际服务外包比重的影响；开放程度、技术和知识溢出的提高有利于国内服务外包的发生。国际服务外包比重的降低有利于国内服务外包的发生，这意味着承接国际服务外包与国内服务外包之间存在替代关系，通过承接国内服务外包的替代能够实现承接国际服务外包陷阱的跨越。

二、实证分析结论

通过实证研究得到，国际服务外包对国内服务外包存在替代效应，同时国内服务外包也对国际服务外包存在替代效应。而且，把总样本按照不同要素密集度分为劳动密集型、资本密集型和技术密集型产业进行了实证分析之后，结果依然是相同的，但是技术密集型产业中相互替代关系是最大的，说明相对于劳动密集型产业，在我国技术密集型产业中更容易通过国内服务外包来替代国际服务外包。

从外生变量的实证检验结果来看，政策支持和人力资本仍然是能够促进服务外包的发展，而产业规模的影响是不显著的。就承接国际服务外包来说，技术差距仍然对承接国际服务外包有显著的促进作用。在承接国内服务外包方面，资源禀赋并不会带来承接国内服务外包水平的显著提升。

附录 C 式（5-8）的计算过程

按照表5-2的支付矩阵和概率分布，当企业 A 选择承接国内服务外包时，获得的期望支付为：

$$E_{A1} = y(K+M) + (1-y)(-C_6) = y(K+M-C_6) - C_6 \qquad (C-1)$$

当企业 A 选择不承接国内服务外包时，获得的期望支付为：

$$E_{A2} = y(-C_6) + (1-y)(-C_6) = -C_6 \qquad (C-2)$$

所以企业 A 的平均支付为：

$$E_A = xE_{A1} + (1-x)E_{A2} = xy(K+M-C_6) - C_6 \qquad (C-3)$$

因此，依据企业 A 在此博弈中的期望支付和平均支付可得到企业 A 的复制动态方程为：

$$\frac{dx}{dt} = x(E_{A1} - E_A) = F(x) = x(1-x)[y(K+M-C_6)] \qquad (C-4)$$

附录 D 式（5-12）的计算过程

按照表5-2的支付矩阵和概率分布，当企业 A 同时承接国际服务外包与国内服务外包时，承接国内服务外包获得的期望支付为：

$$E_{A1} = y\alpha(K+M) + (1-y)[\beta(K+M) - N - C_3]$$

$$= \alpha y(K+M) + \beta(K+M) - \beta y(K+M) - (1-y)(N+C_3)$$

$$= y(\alpha - \beta)(K+M) + \beta(K+M) - (1-y)(N+C_3) \quad (D-1)$$

当企业 A 选择不承接国内服务外包时，获得的期望支付为：

$$E_{A2} = y[\beta(K+M) - N - C_3] + (1-y)[\beta(K+M) - N - C_3]$$

$$= \beta(K+M) - N - C_3 \quad (D-2)$$

所以企业 A 的平均支付为：

$$E_A = xE_{A1} + (1-x)E_{A2} = xy(K+M-C_6) - C_6$$

$$= xy(\alpha - \beta)(K+M) + x\beta(K+M) - x(1-y)(N+C_3) +$$

$$(1-x)[\beta(K+M) - N - C_3]$$

$$= xy[(\alpha - \beta)(K+M) + (N+C_3)] + \beta(K+M) - (N+C_3) \quad (D-3)$$

因此，依据企业 A 在此博弈中的期望支付和平均支付可得到企业 A 的复制动态方程为：

$$\frac{dx}{dt} = x(E_{A1} - E_A) = F(x)$$

$$= x \left\{ \begin{array}{l} [y(\alpha - \beta)(K+M) + \beta(K+M) - (1-y)(N+C_3)] \\ - xy[(\alpha - \beta)(K+M) + (N+C_3)] + \beta(K+M) - (N+C_3) \end{array} \right\}$$

$$= x(1-x)[y(\alpha - \beta)(K+M) - (N+C_3)] \quad (D-4)$$

第六章 承接国际服务外包陷阱的跨越：产业结构转向价值链中高端的视角

通过前面章节的研究可以看到，价值链下承接服务外包的产业升级效应受到服务外包来源的影响。虽然承接国际服务外包与国内服务外包都能够带来产业升级效应，但是承接国际服务外包的产业升级效应受到承接服务外包企业的技术水平的影响，随着技术差距的缩小，承接国际服务外包带来的产业升级效应在不断下降。相反，承接国内服务外包就不会受承包方与发包方关系的影响，承接国内服务外包企业处于任何技术水平下都能带来产业升级效应。在这种价值链下承接服务外包产业升级效应的关系无论从理论分析还是从实证分析都得到了验证，基于此本书进一步通过理论和实证研究承接国际服务外包与国内服务外包的相互替代关系，研究发现国内服务外包对国际服务外包存在明显的替代关系。因此，基于以上分析，在本章中产业结构转向价值链中高端的视角下提出跨越承接国际服务外包陷阱的政策建议。

我国经济进入新常态后，经济发展就有两个目标：一是经济增长速度转向中高速；二是产业结构转向价值链中高端。就结构和速度的关系来说，根据库氏的分析，结构调整对速度有推动作用。现代经济增长的高速度是可以达到的，只要所需的产业结构的转移不被劳动力、资本和人们的反抗及老常规中的资源所阻碍。① 这意味着，跨越承接国际服务外包将依赖于产业结构向中高端转型升级。

跨越承接国际服务外包产业结构转向价值链中高端的必要性在于，虽然我国的 GDP 总量达到世界第二，人均 GDP 也达到了中等收入国家的水平，但与发达国家相比，我国的产业结构水平仍然处于低端，带有低收入发展阶段的特征：第一，我国制造业比重过大，不仅是高消耗、高污染行业偏多，资源、环境供给不可持续。更为突出的问题是资源环境承载力已经达到或接近上限，难以支撑如此大规模的制造业。第二，服务业比重太低，难以满足进入中等收入发展阶段后人民群众的更高需求。第三，制造业的科技含量和档次低。美国等发达国家是在飞机制造、特种工业材料、医疗设备、生物技术等高科技领域占据更大份额，我国是在纺织、服装、化工、家用电器等较低的制造业科技领域享有领先地位。第四，中国制造部分处于价值链低端，高科技产业的核心技术和关键环节不在我国的居多，中国创造部分少，品牌也是用外国的多，由此产生承接国际服务外包陷阱问题。这些问题可以归结为产业结构处于中低端的特征。

高端的产业结构是动态发展的。可以以欧美等发达国家为参照系。以美国在 2008 年世界金融危机以后所采取"再工业化"战略为例，美国强调通过技术创新与制度创新的有效互动，来重振制造业中高端和高附加值的领域，尤其是大型、复杂、精密、高度系统整合的产品，实现"经济中心"的回归，同时着力开发页岩气，以摆脱其对能源的依赖。再看德国推出工业 4.0 计划，这是继机械化、电气化和信息技术之后，以智能制造为主导的第四次工业革命。其主要是指通过信息通信技术和虚拟网络—实体物理网络系统（CPS）的结合，将制造业向智能化转型，实现集中式控制向分散增强型控制的基本模式转变，最终建立一个高度灵活的个性化和数字化的产品与服务生产模式。再如，《第三次工业革命》的作者里夫金所指出的第三次工业革命的标志称为"移动互联网＋清洁能

---

① 库兹涅茨. 现代经济增长 [M]. 北京：北京经济学院出版社，1989.

源"。

以上不仅指出了欧美国家高端产业结构的新动向，同时也对产业结构处于中低端的我国提出了巨大的挑战，要想跨越承接国际服务外包陷阱必须提升产业结构位置。他们的这些举措必然孕育着全球产业的调整和再平衡，国际产业分工和国际市场竞争态势必然会大调整，且直接影响我国的产业在国际分工体系和国际市场中的地位，这也就倒逼我国必须加快产业结构向中高端转型升级，跨越承接国际服务外包陷阱。

基于我国承接国际服务外包产业升级效应的现状和承接国际服务外包陷阱的理论实证分析，可以明确我国跨越承接国际服务外包陷阱产业结构向中高端转型升级的方向：一是三次产业结构的调整，方向是提高服务业尤其是现代服务业的比重。二是产业创新，在提高自主创新技术含量的基础上提高附加值，包括发展战略性新兴产业，各个产业采用高新技术。三是化解过剩产能，淘汰高消耗、高污染技术和行业。

实际上，我国早就提出产业结构调整的目标和任务，但进展不明显，可以说是存在结构刚性，其中的一个重要说明因素是，已有的结构调整主要采取增量调整方式，也就是依靠新增投资的结构调整来推动结构调整。其效果：一是靠增量调整已经推不动产业结构的转型升级；二是存量结构没有得到调整，会使过剩产能越来越多，应该淘汰的污染产能和高耗能产能无法淘汰。因此，推动产业结构向中高端升级，着力点在存量结构调整：一是下决心化解过剩产能，淘汰污染产能和落后产能；二是在现有的土地等物质资源被落后产业占用的情况下，需要为现代服务业和高科技产业发展腾出空间。

以存量结构调整的方式跨越承接国际服务外包陷阱，推进产业结构向中高端转型升级，需要强有力的引擎。原因是较增量结构调整，存量结构调整，无论是淘汰还是"腾笼"都会牺牲一部分生产能力，损害一部分人的利益，其阻力必然很大。而且，存量结构调整的推动力一般不可能来自需要调整的产业内部，内部不可能出现毁灭自己的创新。因此，存量结构调整的推动力一般来自于其外部，外部动力足够大，才能推动存量调整。

党的十八届三中全会做出的全面深化改革的决定也已经明确，市场对资源配置起决定性作用，这意味着市场对产业结构调整应该起更大的作用，也就是成为结构调整的主体。但是，在我国这样的发展中大国面对以调整存量结构为对象的跨越承接国际服务外包陷阱的产业结构转向价值链中高端，结构调整能否都交给市场，政府还要不要发挥作用，在多大程度上发挥作用，这是需要深入研究的问题。

正在出现和推进的市场化、信息化、全球化、城市化，可能成为结构调整的巨大推动力。产业结构调整的主题是产业升级，其不仅涉及以信息化为内容的工业化，还涉及现代服务业的发展；企业结构调整的主题是推动资本和市场向优势企业集中。目前，学界对结构调整的方向和增量结构调整的研究较多，而对存量结构调整的方向，特别是相应的结构调整的有效方式和动力研究不多。本书致力于存量结构调整的研究，将会发现，现阶段推动产业结构向中高端转型升级的引擎主要在三个方面：一是创新驱动，突出在产业化创新方面；二是并购和资产重组；三是市场推动，不仅是市场选择，也要活跃的资本市场。

跨越承接国际服务外包陷阱的产业结构转向价值链中高端需要国家的产业发展规划和相应的产业政策来引导，前瞻性培育战略性新兴产业还需要政府的引导性投资，推动产业创新的科技创新需要政府的积极参与。政府在这些方面推动结构调整同市场调节结构调整应该是并行不悖的。

显然，就创新驱动跨越承接国际服务外包陷阱的产业结构转向价值链中高端来说，市场竞争能够提供创新的压力，技术创新也需要市场导向，但市场配置是已有资源的问题，而创新驱动需要驱动非物质资源的创新要素，需要创造新的要素，仅靠市场不能完全解决创新驱动问题。需要国家推动创新驱动：一是国家实施重大科学创新计划，二是国家要对技术创新与知识创新两大创新系统进行集成，三是国家要对孵化新技术提供引导性投资，四是国家要建立激励创新的体制和机制。然而，政府推动行为固然有世界科技发展方向为导向，但在每个发展阶段都必须重视市场导向。

1. 跨越承接国际服务外包陷阱的产业结构转向价值链中高端的引擎：产业化创新

人们往往把产业结构的调整看作是数字问题，也就是各个产业部门的比例问题。应该说数字和比例可以直观地观察一个国家或一个地区的产业结构水准，但是仅仅在数字上做文章就没有抓住产业结构调整的目标和重心。长期以来，服从于产业比例的结构调整，基本驱动力是投资结构，也就是以抑长补短的投资结构来进行结构调整，这只是一种静态的调整，是一种不改变产业的基本水准的调整。我们今天所要进行的结构调整是要推进产业结构的高级化，是产业结构的根本性调整，是建立在产业创新基础上的转型升级，这意味着结构调整的基本驱动力要转向科技和产业创新。

现代经济增长的实践证明，先行国家的跨越承接国际服务外包陷阱的产业结构转向价值链中高端都是由在科学技术取得重大突破的基础上产业革命推动的。这意味着科学技术不仅是第一生产力，还是跨越承接国际服务外包陷阱的产业结构转向价值链中高端的第一推动力。技术革新及其成果的高速扩散是推动产业结构高度化的重要因素。没有科学技术的突破就不会有新产业的产生，没有新技术的扩散就不可能有产业结构整体水准的提升。我国的产业结构水准之所以长期处于低端，原因是已有的几次产业革命都同我国失之交臂，我国的产业创新只能是模仿和引进，跟随在发达国家后面。实践证明，模仿和引进，是后发国家提升产业结构的一条捷径，但这只是模仿和引进，永远落后于发达国家。现在中国经济发展进入了新的历史阶段，一方面，中国已经成为世界第二大经济体，具有了领先而不是跟随的科技和产业创新的经济实力。另一方面，经济全球化、信息化、网络化为各个国家提供了均等的科技和产业创新的机会。在此背景下，我国完全可以通过科技和产业创新推动产业结构转向价值链中高端。

我国的产业要进入世界前沿，需要解决三个认识问题。第一，比较优势不具有竞争优势。长期以来，我们把资源禀赋的比较优势作为一个国家和地区的产业结构的依据。这是现阶段跨越承接国际服务外包陷阱的产业结构转向价值链中高端的陷阱。拘泥于资源禀赋的比较优势，我国不可能缩短与发达国家的产业距离，更谈不上进入世界产业前沿。因此，产业创新应该由比较优势转向竞争优势，所谓产业竞争产业优势就是指，"一国产业是否拥有可与世界级竞争对手较劲的竞争优势"（波特，1996）。第二，规模优势不具有价值链优势。我国的制造业只是具有规模的优势，没有价值链的优势，需要通过创新和新技术的应用进入价值链的高端，提高产业附加值。第三，模仿和引进不了高端。只有与发达国家进入同一创新起跑线才能进入高端。就如库兹涅茨所说，科技和产业的"时代划分是以许多国家所共有的创造发明为依据的。这是现代经济增长的一条特殊真理"。① 也就是说，与发达国家进入共同的科技和产业创新领域。不仅如此，还要把这些领域研发的新技术迅速转化为新产业，前瞻性地发展战略性新兴产业。总之，所有这些都离不开自主的科技创新。

所谓创新，指的是新技术新发明的第一次应用。就如诺贝尔经济学奖得主费尔普斯的定义："创新是指新工艺或新产品在世界上的某个地方成为新的生产实践。"② 创新已经成为跨越承接国际服务外包陷阱的产业结构转向价值链中高端的原动力。就如熊彼特所说，创新是创造性毁灭。一个新技术、新产业的出现就可能毁灭一个产业，例如，数码相机的产生毁灭了以柯达为代表的使用胶片的相机制造业。2012 年柯达这个拥有 131 年历史占据全球 2/3 的胶卷市场的老牌摄影器材企业，正式向法院递交破产保护申请。移动网络的出现毁灭了传统的电报电话，这充分说明了产业创新对结构调整的革命性作用。产业化创新实际上是培育新的增长点。

就科技创新和产业创新的关系，在现阶段两者不是孤立进行的。科技创新是源头，产业创新是目的。如果说过去一项重大科学发现到产业上应用需要隔上数

---

① 库兹涅茨. 现代经济增长［M］. 北京：北京经济学院出版社，1989.
② 费尔普斯. 大繁荣：大众创新如何带来国家繁荣［M］. 北京：中信出版社，2013.

十年，那么现在的趋势是科技创新和产业创新几乎是同时进行的。因此，创新驱动跨越承接国际服务外包陷阱的产业结构转向价值链中高端的推动力，指的是科技创新的成果迅速转化为新技术、新产业，这也就形成了产业化创新。这就是2014 年中央经济工作会议所指出的：创新要实，更要多靠产业化的创新来培育和形成新的增长点，把创新成果变成实实在在的创新活动。

产业化创新驱动跨越承接国际服务外包陷阱的产业结构转向价值链中高端，不仅仅是培育战略性新兴产业，战略性新兴产业不能一花独放，更重要的是驱动已有的各个产业部门的创新，且需要以战略性新兴产业带动整个产业结构的提升，包括新技术的扩散，以及产业链的延伸等。例如，在此基础上信息化和工业化融合，就能实现工业结构的技术跨越。在现代信息技术基础上产生的互联网的广泛应用就可能产生产业的提升。"互联网＋"就有这种效应。"互联网＋零售"即产生网购，"互联网＋金融"即产生互联网金融，"互联网＋媒体"即新媒体，"互联网＋教育"即慕课（MOOC）。《第三次工业革命》的作者里夫金则把第三次工业革命的标志称为"移动互联网＋清洁能源"。显然，移动互联网进入哪个产业领域，那个产业领域就能得到根本改造并得到提升。

"互联网＋"的效应说明了产业化创新是实现产业转型升级的活力之源。如熊彼特所说：创新通常可以说是体现在新的企业中，它们不是从旧企业里产生的。例如，并不是驿路马车的所有者去建造铁路。[①] 原因是，已有的各个产业部门（或者说传统产业）没有以对自身的创新来毁灭自己的动力。资产的专用性，已有的市场都会阻碍对自己的产业创新。因此，产业创新往往产生在已有产业的外部，但只有在已有产业都能进入产业创新的轨道，才会有整个产业结构的转型升级。以"移动互联网＋"为例，现有的实体零售业遇到网购产业的冲击，迫使其也要进入"互联网＋"，再如已有的金融业受到互联网金融业的冲击，迫使其采用互联网技术并且采取移动支付的方式。发展趋势是谁都要进入"互联

---

①　熊彼特．经济发展理论［M］．北京：商务印书馆，1990．

网＋"，否则就会被新产业淘汰。也可以说，新产业往往不是在从事传统产业的企业中产生的。只要采用最新技术，再传统的产业都可以成为现代产业。

基于以上产业化创新对跨越承接国际服务外包陷阱的产业结构转向价值链中高端的引擎作用分析，可以对产业化创新的内涵做出规定。顾名思义，创新包含创新和产业化两个方面。一是研发和孵化为新技术，新发明的创新；二是新技术新发明的应用，即创业。产业化创新则是把两者有机地融合在一起。

就如费尔普斯所说："事实上，所有创新都有偶然或者随机的因素。在一定程度上，新产品开发成功和得到商业化应用都是概率问题。""创新是走向未知的历程。"[1] 产业化创新存在的风险在于：新的创意能否开发成新技术、新产品不确定，创新技术和产品的市场不确定，创新成果的先进性不确定，所有这些不确定就是风险。降低创新风险的重要路径是产学研协同创新，也就是产学研各方共同介入创新。既需要知识创新主体大学及其科研人员的介入，也需要技术创新主体的企业及企业家的介入。前者解决创新的科学导向，后者解决创新的产业化导向，同时还需要专业化的风险投资者的介入。这样就形成了大众创新的景象：除了有创新思想的人士提出创意外，"新产品和新工艺的开发过程需要不同投资主体的参与，如天使投资人、超天使基金、风险资本家、商业银行、储蓄银行和对冲基金。这个过程还需要不同生产商的参加，如创业公司。大公司及其分支机构，并涉及各种市场推广，包括制定市场策略和广告宣传等活动"。除此以外，还有终端客户的评价和学习。[2] 将这些方面合起来，可以说是"大众创新、万众创业"的含义。

2. 跨越承接国际服务外包陷阱的产业结构转向价值链中高端的路径：资产重组

跨越承接国际服务外包陷阱的产业结构转向价值链中高端面临两大课题：一是率先产业化创新的企业如何在短期内成长为大企业，从而成为新兴产业的领跑

①② 费尔普斯. 大繁荣：大众创新如何带来国家繁荣［M］. 北京：中信出版社，2013.

者。二是过剩产能和落后产能如何被淘汰。以下的研究将说明，并购和资产重组将是这两个方面结构调整的最为有效的途径。

就率先产业化创新的企业成长来说，长期以来，人们往往以企业规模来论企业的创新能力，从而论产业结构的转换能力。大企业的创新能力强，创新都是从大企业开始的；小企业首先进行创新，其创新的技术只有在大企业采用时，才会出现产业的提升。这种理论判断或许在两种场合是成立的：一是在工艺创新场合是成立的，而在产业创新场合就不成立了；二是在信息技术革命以前是成立的，而在 20 世纪八九十年代产生信息技术革命后，这种理论就被颠覆了。

第一，率先发动产业化创新的一般不是已有的大企业，常常是小微科技企业。比尔·盖茨领导的微软，乔布斯领导的苹果一开始都是小企业，率先进行了电子信息技术的产业化创新，我国的华为和中兴在 20 世纪八九十年代都还只是小企业，在世界信息技术和产业革命的浪潮中他们抓住时机在信息技术的产业化创新上取得突破。成立于 1999 年的阿里巴巴，最初也是小企业，率先进行互联网领域的产业化创新。

第二，跨越承接国际服务外包陷阱的产业结构转向价值链中高端也不是在小企业创新的技术被大企业采用后才实现。恰恰是率先进行产业化创新的小企业利用市场方式，自身实现了爆发性扩张，不仅在市场竞争中胜出并迅速扩大规模，而且带动整个产业结构的提升。例如：微软和苹果一跃超过老牌的福特等"百年老店"，领导了世界的信息技术革命；华为和中兴均成为全球最大的电信设备制造商和商用网络的巨头，极大地推动了我国产业结构的信息化；阿里巴巴一跃成为全球顶尖的电子商务巨头，并且与腾讯等企业一起推动了"互联网金融"，以"互联网＋"的技术推动了传统产业的转型升级。与此相反的是，没有进入产业化创新轨道的即便是大企业也可能衰落甚至被淘汰。

就过剩和落后产能的淘汰来说，在资源有限的背景下，过剩产能不化解，落后产能、污染产能以及高能耗产能不淘汰，产业创新、高科技产业化都难以推进。产业结构转向价值链中高端的一个重要方面是夕阳产业和劣质企业被淘汰出局，其占用的资源转向新兴产业和优势企业。这些都是存量产业结构调整的内容。所谓存量结构调整，如马克思所说，是"以已经存在的并且执行职能的资本在分配上的变化为前提"。① 存量结构调整的目标，就是通过优胜劣汰与资本流动和重组的过程使资本及资源向优势企业集中，要做到这一点需要通过改革来解决优胜劣汰和资本有效流动的制度障碍。产业结构调整也就是资源在各个产业部门配置比例的调整。市场决定资源配置就是指市场决定资源在各个产业部门之间的配置比例。在资本、劳动力、技术等要素自由流动的条件下，市场通过自主选择和优胜劣汰的机制进行结构的调整。市场调节结构也就是对产业和产品进行市场选择，其机制是市场需求和竞争性选择。首先是市场需求导向。一种产业能否发展起来，发展规模有多大，取决于市场是否需要，需求的规模和潜力有多大。不同产品的市场需求差别直接影响不同产品的供给规模。其次是市场竞争压力。对结构调整起决定性作用的就是优胜劣汰。

（1）强化竞争机制。根据保罗·莫斯利（Paulmosley）定义：结构调整是通过消除市场不完全来促进经济供给方面发展政策的一部分。② 这是市场调节结构调整的必要条件。如果市场体系不完善，有的要素市场已放开，有的要素还没有进入市场，竞争不充分，要素在部门间的流动就会发生紊乱或受阻。因此，为了保证市场对结构调整有效地起决定性作用，就必须完善市场机制、强化市场竞争，特别是强化其优胜劣汰机制。因此，市场调节结构调整的程度和范围应该以市场体系的完善程度为边界。

竞争对结构调整的杠杆作用突出在三个方面。首先，优胜劣汰就是竞争性选择机制。哪些产能应该成长发展，哪些产能应该削减和淘汰，只承认竞争的权威。在这个过程中，政府的介入，尤其是地方政府的介入，难以做出符合市场规律的准确选择。其次，竞争的结果是吞并。"某些资本成为对其他资本的占压倒

① 马克思. 资本论（第1卷）［M］. 北京：人民出版社，2004.
② 巴拉舒伯拉曼亚姆. 发展经济学前沿问题［M］. 北京：中国经济出版社，2000.

优势的引力中心，打破其他资本的个体内聚力，然后把各个零散的碎片吸引到自己方面来。"① 最后，优胜劣汰的制度条件是要素的自由流动。资本有更大的活动性，更容易从一个部门和一个地点转移到另一个部门和另一个地点。长期以来我国产业结构的调整缓慢，说到底，就是这种市场力量用的不够，竞争不充分。因此，要充分发挥竞争对结构调整的杠杆作用，关键在两个方面：一是打破垄断，实践证明，凡是垄断的部门，技术进步一定最缓慢。因此，需要打破除了自然垄断以外的一切垄断。二是打破地方保护，现实中存在部门、地区的分割和封销阻碍这种调整。强化了地方的利益，进一步增加了结构调整的阻力，致使该上的上不去，该压的压不下，甚至可能出现"劣币驱逐良币"的状况。现在过剩产能越积越多，污染产能淘汰不了，应该淘汰的落后产业"死不了"，根本原因是地方保护。因此，打破地方保护是强化市场竞争，从而在更大范围、更大程度上发挥市场结构调整的前提。只有打破地方保护和封锁，市场才能发挥优胜劣汰的功能。

现实中有一部分产业是涉及自然垄断和行政垄断的产业，其本意是防止产业利用垄断地位谋取垄断利润，保护消费者利益。实践证明，凡是对自然垄断行业的管制，其结果往往是产出下降，供不应求；凡是对非自然垄断行业的管制，其结果往往是成本和价格提高。政府规制改革的可能性在于以下两个方面。首先，新技术的普遍运用，使某些受规制产业的性质发生了巨大变化，不再具有自然垄断的性质。例如，电话被移动通信所代替。这使对相关行业的规制手段失去了现实的必要性。其次，专业化分工的发展也改变了自然垄断的范围。随着产业的发展和产业需求的扩大，各个生产环节的规模大到足以独立进行，企业内部的垂直一体化分工便转化为社会专业化分工，其中有相当部分生产环节不具有自然垄断性质，如电力，其中的发电环节，电力设备生产环节就具有明显的竞争性。因此，在电力行业之类的自然垄断行业可能分离出相当多的部门，退出政府规制的

---

① 马克思. 资本论（第 1 卷）［M］. 北京：人民出版社，2004.

范围。政府规制改革主要走向是放松政府规制，实行竞争和开放政策。在市场机制可以发挥作用的行业完全或部分取消对价格和市场进入的规制。哪个部门市场调节更有效率，政府规制就从哪个部门退出。具体地说，政府规制的领域只能限于自然垄断领域，非自然垄断行业应该逐步退出政府规制的范围。针对不再具有自然垄断性的某些产业部门如电信产业，退出政府规制，使其转为竞争性行业。针对某些产业环节适合于竞争而其他环节适合于垄断经营的混合产业结构，规制改革的措施是将竞争性业务从垄断性业务中分离出来，并防止在某个产业环节居于垄断地位的厂商将其垄断势力扩展到该产业的其他环节。试想，如果发电不分开，何来风电和太阳能等清洁能源的大发展。

（2）降低结构调整的成本。由增量结构调整转向存量结构调整必然会大大增大调整成本。调整成本过大，会阻碍调整。因此，有效的结构调整需要寻求降低调整结构成本的方式。一般说来，这些需要淘汰的产能市场信号是清楚的，如价格下跌、需求下降、负债严重、企业亏损、员工收入下降。企业基本上是靠银行负债，政府补贴苟延残喘。如果采取破产方式来淘汰这些产能，实际上是内部负担社会化，员工的失业安置和就业安排需要社会承担，资不抵债的债务特别是银行负债一笔勾销，企业内物质资产成为废铜烂铁。这些成本都成为社会成本，也成为结构调整的阻力。因此，经济学家一般不推荐这种淘汰方式。

按结构调整的要求淘汰过剩的、落后的、污染的、高能耗的产能，不等于完全消灭这些产能。可行的途径是并购，马克思提供了两种方式：一种是吞并的方式。也就是在充分竞争的基础上，优势企业成为"引力中心"，把被竞争打碎的"各个零散的碎片吸引到自己方面来"；另一种是建立股份公司，把它们"融合起来"。① 这两种方式就是我们现在讲的并购方式。并购和资产重组的方式就相当于科斯所说的企业代替市场的方式，可以大大降低破产所产生的社会成本。

① 马克思. 资本论（第1卷）［M］. 北京：人民出版社，2004.

市场调节结构调整效率的前提是形成完善的市场机制，最大的动力是资本的推动。

并购需要淘汰的产能及其企业不是没有交易成本。其中包括被并购企业的债务承担、员工安置，同时也要支付大量的为原有产能转变为可用产能所需要的成本等，这种交易成本可能会大到超过并购收益。面对这么大的交易成本，优势企业往往会望而却步，这时候就要政府出场了。本来，淘汰产能所需要的成本是社会成本，应该由政府来承担，现在企业通过并购的方式来淘汰落后产能，实际上是将其外部成本内部化，并购企业实际上承担了这些成本，这意味着政府应该对并购企业给予激励，对其承担的过高交易成本给予补贴。基本要求是对符合产业政策，符合跨越承接国际服务外包陷阱的产业结构转向价值链中高端方向的并购给予足够激励作用的补贴。

但是，市场对结构调整的决定性作用程度还是有限制的。首先，在我国这样的发展中大国，虽然市场对产品结构的调整是非常有效的，但对产业结构的调整也有失灵之处。原因是我国的产业结构长期处于低水准，结构性矛盾积重难返，现在所要进行的产业结构调整可以说是整体性转型升级，尤其是对存量结构的调整，个别企业无能为力，市场机制也无济于事，需要政府的强力推动，就像北京周边地区导致雾霾的高污染产业长期难以淘汰，政府一声令下，很快就被拆除。其次，现在市场推不动产业结构也不完全是市场本身缺乏调节能力，还存在政府的阻力，因此为了在更大范围发挥市场对产业结构调整的调节作用，需要政府自身的改革。

3. 跨越承接国际服务外包陷阱的结构调整的杠杆：活跃的资本市场

跨越承接国际服务外包陷阱的结构调整推动力是资本。所谓创新要实，不只是指创新成果要实，还要有实实在在的资金支持。问题是这两个阶段离市场较远，信息不完全，投资风险大，因而进入这个阶段的投资往往是风险投资。马克思当年明确指出，信用是资本集中的重要杠杆，其前提是"资本有更大的活动性"。其重要的制度基础就是，"信用制度的发展已经把大量分散的可供支配的社会资本在各个资本家面前集中起来"①。借助信用机制，资本可以不受限制自由地从一个部门流向另一个部门，而在现代市场经济中创造的以股票市场为代表的资本市场以及相应的各种类型的基金运作，则在更大范围更短时间内推动产业结构的转型升级。这里有三个层次或三个阶段。第一个阶段，即产业化创新阶段，需要风险投资及相应的产权交易市场。第二个阶段，即产业化创新成功的小企业需要通过资本市场上市来扩大规模实现自身的市场价值。第三个阶段，即利用资本市场的资产重组机制做强企业并带动整个行业的提升。这三个阶段也就是威廉·拉让尼克概括的新经济企业模式下的股票市场：从创新到投机再到操纵②。

就产业化创新阶段来说，孵化新技术的风险投资通常是天使投资之类的风险投资。"天使"这个词指的是创新项目的第一批投资人，这些投资人在新技术、新产品成型之前就把资金投入进来。其投资数额不大，但推动科技创新和创业的作用不小。面对多而散的创新成果转化项目只是靠"天使投资"是远远不够的，这就提出了提供集中性的孵化器要求。孵化器投资的主要任务是为高新技术成果转化和科技企业创新提供优化的孵化环境和条件，包括提供研发、中试、科技和市场信息，通信、网络与办公等方面的共享设施和场所，系统的培训和咨询，政策、融资、法律和市场推广等方面的服务和支持等。由于孵化器具有共享性和公益性的特征，因此孵化器投资仍然需要政府提供一部分投入，这就是所谓的政府搭台。同时，孵化新技术的项目需要明确市场导向，其投资收益就有明显的收敛性，这就需要企业参与孵化器投资。这样，依托孵化器建设就可形成政产学研合作创新的平台。

新技术、新产品被孵化出来就要进入创业阶段，这个阶段或者是以新成果创新企业，或者是企业转向采用新技术生产新产品，这时需要的是创业投资。创业投资一般由风险投资公司提供，就如奈特所指出的，在现代经济中新企业的创建

① 马克思. 资本论（第3卷）［M］. 北京：人民出版社，2004.
② 威廉·拉让尼克. 创新魔咒新经济能否带来持续繁荣［M］. 上海：上海远东出版社，2011.

和建成后企业的经营之间分离的趋势很明显。一部分投资者创建企业的目的是从企业的正常经营中得到收益，更多的人则期望从建成后的企业的出售中获得利润，然后再用这些资本进行新的风险投资活动。在现代经济中，虽然创业投资存在不确定性，但相当多且数目日益增加的个人和公司将其主要精力放在新企业的创建上（奈特，2005）。这部分投资者（专业的创投公司）为创新创业提供风险投资，目的不是追求做股东取得股权收益，而是追求股权转让收益，期望从建成后的企业的出售中退出，然后再用这些资本进行新的风险投资活动。这些风险投资者的存在可以说是现代经济充满创新活力的原因所在。

　　1971 年开张的纳斯达克市场较主板市场宽松许多的上市条件使创新企业的首次公开发行上市变得大为容易。其功能：一是为风险投资提供顺畅的退出机制，使风险资本在完成其使命后及时退出并得到回报，使投入科技创新项目的资金在孵化出高新技术和企业后能及时退出来进入新的项目，以保证风险投资的可持续。二是科技企业在年轻时就上市（或转让股权），使科技企业实现跨越式成长得到金融支持。三是激励为创新做出贡献的企业家、风险投资家和高技术人员。在公司上市时这些为创新型做出贡献的人员以持有的股权获得回报。硅谷的成功就在于"具有高度流动性且上市条件较为宽松的纳斯达克股票市场使创业企业首发上市的成功率大为提高，进而导致风险资本对科技企业的投资"。目前，我国已经开放创业板市场（二板市场），在大众创新万众创业的背景下，创业板市场之类的产权交易市场需要进一步放开，让更多的产业化创新公司上市，以实现其创新价值。

　　实现产业创新的企业通过上市来迅速实现自身价值并实现由小到大的跳跃。从理论上讲，成功进行产业化创新的企业要想成为跨越承接国际服务外包陷阱的产业结构转向价值链中高端的领头羊，不能亦步亦趋地成长，需要在短期内实现由小到大的爆发性扩张，用马克思的话来说就是："如果要靠其自己的积累来建铁路也许到现在还没有铁路，采取股份制的方式转瞬之间就把铁路建成了。"进一步说明率先实现产业化创新的企业要靠自身的努力成为大企业必然是个缓慢的过程，资本市场则提供了其实现爆发性扩张的机制。一方面资本市场能够客观地评价其产业创新后的公司价值，另一方面资本市场依据对其市场价值的客观评价大规模地募集社会资本。例如，思科一家价值60亿美元起家的高科技公司依靠纳斯达克市场在17个月后其市值就攀升到全球之冠。① 我国的阿里巴巴在美国上市，其IPO发行价为68美元，此次上市募集资金217.6亿美元，最高募集资金250.2亿美元，阿里巴巴也成为了全球最有价值的科技公司。其不仅从市场募集到了巨额资金，更重要的是"移动互联网＋"的新技术被广泛地使用。

率先产业化创新的企业通过股票市场获得爆发性扩张以后，进一步的要求是控制市场。其必要性在于公司上市后需要有足够的业绩支撑，同时面对同行业的竞争所产生的竞争费用会降低其盈利能力。在此背景下通过股票市场提高市值并且募集了巨额资本的企业必然要推进企业之间的并购，这对产业结构转向价值链中高端也有特别的意义。资本市场提供的产权交易机制提供了这种功能。率先进行产业化创新的企业创新成功时面对的是同行业中的大企业，这些企业通过并购和重组的方式迅速壮大并成为行业"老大"。

推动产业结构转向价值链中高端所需要的资本市场活跃程度取决于两个基本条件：一是充分的资金供给；二是专业化的市场主体。硅谷成功的经验不仅仅是因其靠近大学，更重要的是这里聚集了活跃的专事创新创业的风险投资公司。

就创新创业的资金供给来说，无论是哪个风投公司都不可能靠自有资金去推动创新创业，必须要借助金融，相应地，就需要风险投资基金。硅谷就是靠资本向风险投资基金的流动，为活跃的风险投资创造了条件，其中一个重要方面就是养老基金大量流入风险投资基金。"在整个20世纪80年代和90年代，来自养老基金的投资占独立风险投资合伙企业募集资金总量的31%～59%。"② 我国目前影响创新创业的一大困难就是创新创业投资不足，参照硅谷的经验创立风险投资基金，并且为风险投资基金寻求充足的来源显得十分重要。现在我国已经允许社

①② 威廉·拉让尼克. 创新魔咒新经济能否带来持续繁荣［M］. 上海：上海远东出版社，2011.

保基金进入股市，需要进一步允许其投资于风险投资基金，参与产业化创新企业的创建。另外，基于风险投资具有投机性质，只有上市才有吸引力。其可能性就是马克思当年所说的：在资本最低限额提高的条件下，分散的小资本往往是进入资本市场或信用渠道。一部分不能形成新的独立资本的资本"以信用形式交给大产业部门的指挥人去支配"。"大量分散的小资本则走上冒险的道路，包括股票投机。"① 没有上市这条途径，风险投资基金的筹集还是非常困难的。

活跃的资本市场关键是活跃的风险投资主体，也就是风险投资家。风险投资基金公司或者由企业家主导，或者由金融家主导。他们以充足的资金和专家的水准，再加上敢冒风险的企业家精神进行资本运作，成功的概率较大。实践证明，培育一些专事并购的由企业家和金融家主导的基金公司对推进结构调整是非常需要的。

总结以上，推动跨越承接国际服务外包陷阱的产业结构调整转向中高端需要三个方面的推动力：一是产业化创新；二是优胜劣汰基础上的资产重组；三是活跃的资本市场。

---

① 马克思. 资本论（第 3 卷）[M]. 北京：人民出版社，2004.

参考文献

［1］ Acemoglu D. , Antras P. , Helpman E. Contract and Technology Adaptation ［J］. American Economic Review, 2007, 97 (3): 916 – 943.

［2］ Acemoglu D. , Johnson Simon, Robinson James A. Reversal of Fortune: Geography and Institutions in the Making of the Modern World Income Distribution ［J］. Quarterly Journal of Economics, 2002 (117): 395 – 412.

［3］ Antras P. Incomplete Contracts and the Product Cycle ［J］. American Economic Review, 2005, 95 (4): 1054 – 1073.

［4］ Arndt S. W. , Kierzkowski H. Fragmentation: New Production Patterns in the World Economy ［M］. Oxford and New York: Oxford University Press, 2001.

［5］ Arndt, Sven W. Globalization and the Open Economy ［J］. North American Journal of Economics and Finance, 1997, 8 (1): 71 – 79.

［6］ Antras P. , E. Helpman. Global Sourcing ［J］. Journal of Political Economy, 2004, 112 (3): 552 – 580.

［7］ Amiti Mary, K. Ekholm. Service Offshoring, Productivity and Employment: Evidence from the US ［R］. NBER Working Paper, 2006.

［8］ Amiti Mary, Shang – Jin Wei. Fear of Service Outsourcing: Is It Justified ［J］. Economic Policy, 2005, 20 (42) : 308 – 347.

［9］ Amsden A. H. Asia's Next Ginat: How Korea Competes in the World Economy ［J］. Technology Review, 1989, 92 (4): 329 – 358.

［10］ Barthelemy J. The Hidden Costs of IT Outsourcing ［J］. MIT Sloan Management Review, 2001, 42 (3): 753 – 792.

［11］ Beaumont N. , Sohal A. Outsourcing in Australia ［J］. International Journal of Operations and Production Management, 2004, 24 (7): 28 – 65.

［12］ Bernard A. B. , J. Eaton, B. Jensen et al. Plants and Productivity in International trade ［J］. American Economic Review, 2003, 93 (4): 1268 – 1290.

［13］ Bernard A. B. , Jensen J. Exceptional Exporter Performance: Cause Effect or Both? ［J］. Journal of International Economics, 1999, 47 (1): 1 – 25.

［14］ Bhagwati J. , A. Panagariya, T. N. Srinivasan. The Muddles over Outsourcing ［J］. The Journal of Economic Perspectives, 2004, 18 (4): 93 – 114.

［15］ Clerides S. , Lach S. , Tybout J. Is Learning by Exporting Important? Micro – dynamic Evidence from Colombia. Mexico, and Morocco ［J］. Quarterly Journal Economics, 1998, 113 (3): 903 – 947.

［16］ Costino A. Contract Enforcement, Division of Labor and Pattern of the Trade ［M］. Princeton: Mimeograph Princeton University, 2005.

［17］ Daniels P. W. Economic Development and Producer Services Growth: APEC Experiences ［J］. Asia Pacific Viewpoint, 1998, 39 (2): 145 – 159.

［18］ Dicken P. Global Shift: Reshaping the Global Economic Map in the 21st Century ［M］. 4th edition. London: Sage, 2003.

［19］ Deardorff A. V. International Provision of Trade Services, Trade, and Fragmentation ［R］. WTO Working Paper, 2000.

［20］ Deardorff A. V. Fragmentation across Cones ［M］ //Sven W. Arndt, Henryk Kierzkowski, eds. Fragmentation: New Production Patterns in the World Economy. Oxford: Oxford University Press, 2001: 35 – 51.

[21] Deardorff A. V. Fragmentation in Simple Trade Models [C]. USA: The University of Michigan, 1998.

[22] Egger H., Egger P. Cross – Border Sourcing and Outward Processing in EU Manufacturing [J]. The North American Journal of Economics and Finance, 2001, 12 (3): 243.

[23] Egger H., Egger P. International Outsourcing and the Productivity of Low – skilled Labor in the EU [R]. WIFO Working Paper, 2001.

[24] Egger P., Pfaffermayr M., Weber A. Sectorial Adjustment of Employment: The Impact of Outsourcing and Trade at the Micro Level [R]. IZA Discussion Paper, 2003.

[25] Egger P. The International Fragmentation of Austrian Manufacturing: The Effects of Outsourcing on Productivity and Wages [J]. North American Journal of Economics and Finance, 2001, 12 (3): 333 – 389.

[26] Evenson R., Westphal L. Technological Change and Technology Strategy [M] //Srinivasan T., Behrman J., eds. Handbook of Development Economics. Amsterdam: North Holland, 1995.

[27] Falguni S., Shiel M. From Business Process Outsourcing (BPO) to Knowledge Process Outsourcing (KPO): Some Issues [J]. Human Systems Management, 2006, 25 (2): 156 – 222.

[28] Feenstra R. C., Hanson G. H. The Impact of Outsourcing and High – Technology Capital on Wages: Estimates for the U. S., 1979 – 1990 [J]. Quarterly Journal of Economics, 1999, 114 (3): 907 – 940.

[29] Feenstra R. C., G. H. Hanson. Globalization, Outsourcing and Wage Inequality [J]. American Economic Review, 1996, 86 (2): 240 – 245.

[30] Feenstra R. Integration of Trade and Disintegration of Production in the Global Economy [J]. Journal of Economic Perspectives, 1998, 12 (4): 31 – 50.

[31] Fixler D. J. , Siegel D. Outsourcing and Productivity Growth in Services [J] . Structural Change and Economic Dynamics, 1999 (10): 683 – 721.

[32] Horst R. , Ruhr. Foreign Direct Investment in Producer Services: Theory and Empirical Evidence [R] . CESifo Working Paper, 2001.

[33] Gary Gereffi. International Trade and Industrial Upgrading in the Apparel Commodity Chain [J] . Journal of International Economics, 1999, 48 (1): 37 – 70.

[34] Gary Gereffi. The New Offshoring of Jobs and Global Development: An Overview of the Contemporary Global Labor Market [Z] . International Labor Organization (ILO) 7th Nobel Peace Prize Social Policy Lectures Kingston, 2005.

[35] Garner A. C. Offshoring in the Service Sector: Economic Impact and Policy Issues [J/OL] . [2016 – 02 – 14] . https: www. docin. com/p – 1456239860. html.

[36] Gereffi G. International Trade and Industrial Upgrading in the Apparel Commodity Chain [J] . Journal of International Economics, 1999, 48 (1): 37 – 70.

[37] Grossman G M. , Helpman, E. Integration Versus Outsourcing in Industry Equilibrium [J] . Quarterly Journal of Economics, 2002, 117 (1): 85 – 120.

[38] Gene M. Grossman, Esteban Rossi – Hansberg. Trading Tasks: A Simple Theory of Offshoring [J] . American Economic Review, 2008, 98 (5): 78 – 97.

[39] Girma S. , Görg H. Outsourcing, Foreign Ownership, and Productivity: Evidence from UK Establishment – level Data [J] . Review of International Economics, 2004, 12 (15): 464 – 498.

[40] Görg H. , Hanley A. Does Outsourcing Increase Profitability [R] . UK: Nottingham University Business School, 2003.

[41] Görg H. , Hanley A. International Outsourcing and Productivity: Evidence from Plant Level Data [C] //Globalization, Productivity and Technology. UK: University of Nottingham, 2003.

[42] Görg H. , Hanley A. International Outsourcing and Productivity: Evidence

from the Irish Electronics Industry [J] . North American Journal of Economics and Finance, 2005, 16 (2): 123 – 157.

[43] Görg H. Hanley A. , Strobl E. Outsourcing, Foreign Ownership, Exporting and Productivity: An Empirical Investigation with Plant Level Data [R] . UK: University of Nottingham, 2004.

[44] Görzig B. , Stephan A. Outsourcing and Firm – level Performance, German Institute for Economic Research [R] . 2002.

[45] Grossman G. M. , Rossi – Hansberg E. Trading Tasks: A Simple Theory of Offsourcing [J] . American Economic Review, 2006, 98 (5): 197 – 1997.

[46] Grossman G. M, E. Helpman. Integration Versus Outsourcing in Industry Equilibrium [J] . Quarterly Journal of International Economics, 2002 (54): 75 – 96.

[47] Hausmann D. , Hwang J. , Rodrik D. What You Export Matters [J] . Journal of Economic Growth, 2007, 12 (5): 38 – 59.

[48] Harland C. , Knight L. , Lamming R. et al. Outsourcing: Assessing the Risks and Benefits for Organizations, Sectors and Nations [J] . International Journal of Operations and Production Management, 2005, 25 (9): 234 – 288.

[49] Helpman E. Innovation, Imitation, and Intellectual Property Rights [J] . Econometrica, 1993, 61 (3): 1247 – 1280.

[50] Hijzen A. , H. Gorg, R. C. Hine. International Outsourcing and the Skill Structure of Labor Demand in the United Kingdom [J] . Economic Journal, 2005, 115 (506): 860 – 878.

[51] Hoekman B. , Maskus K. , Saggi K. Transfer of Technology to Developing Countries: Unilateral and Multilateral Policy Options [J] . World Development, 2001, 33 (10): 1587 – 1602.

[52] Kaplinsky R. Globalization and Unequalisation: What Can be Learned from Value Chain Analysis? [J] . Journal of Development Studies, 2000, 37 (2): 117 – 146.

［53］ Kaplinsky R. Is Globalization All It is Cracked Up to be? ［J］. Review of International Political Economy, 2001, 8 (1): 45 – 65.

［54］ Karsten B. O. Productivity Impacts of Offshoring and Outsourcing: A Review ［R］. STI Working Paper, 2006.

［55］ King J. IT's Global Itinerary: Offshore Outsourcing is Inevitable ［J］. Computer World, 2003, 15 (9): 35 – 67.

［56］ Kohler W. Aspects of International Fragmentation ［R］. Economics Working Papers 2002 – 08, Department of Economics, Johannes Kepler University Linz, Austria, 2002.

［57］ Levchenko A. Institutional Quality and International Trade ［J］. Review of Economic Studies, 2007, 74 (3): 791 – 819.

［58］ Liu B. J., Tung A. C. Export Outsourcing and Foreign Direct Investment: Evidence from Taiwanese Exporting Firms ［C］//Dynamics, Economic Growth, and International Trade, 2004.

［59］ Linda Andersson, Patrik Karpaty. Offshoring and Relative Labor Demand in Swedish Firms ［J］. American Economic Review, 2008, 2: 241 – 245.

［60］ Mary Amiti, Shangjin Wei. Fear of Service Outsourcing: Is It Justified? ［J］. Economic Policy, 2005, 20 (42): 308 – 347.

［61］ Mann C. L. Globalization of IT Services and White Collar Jobs: The Next Wave of Productivity Growth ［J］. International Economics Policy Briefs, PB03 – 1, 2003.

［62］ Memedovic O. Inserting Local Industries into Global Value Chains and Global Production Networks ［R］. UNIDO Working Paper, 2004.

［63］ OECD. Aspects of Offshoring and Their Impact on Employment: Measurement Issues and Policy Implications ［R］. Internal Working Document, OECD, Paris, 2005.

［64］Pack H. , Saggi, K. Vertical Technology Transfer Via International Outsourcing ［J］. Journal of Development Economics, 2001, 65（2）: 389 – 415.

［65］Pappas N. , Sheehan P. The New Manufacturing: Linkage between Production and Service Activities ［M］. Wellington: Victoria University Press, 1998: 127 – 155.

［66］Rognes J. Service Outsourcing and Its Effects on Knowledge ［C］. SSE/EFI Working Paper Series in Business Administration, 2013.

［67］Schmitz H. Local Upgrading in Global Chains: Recent Findings ［C］. Paper to be Presented at the DRUID Summer Conference, 2004.

［68］Schmitz H. , Knorringa P. Learning from Global Buyers ［J］. Journal of Development Studies, 2000, 37（2）: 177 – 205.

［69］Seshasai Satwik, Gupta Amar. Global Outsourcing of Professional Services ［EB/OL］. ［2004 – 01 – 09］. http: //ssrn. Com/abstract = 486128.

［70］Sim N. C. S. International Product ion Sharing and Economic Development: Moving Up the Value Chain for a Small Open Economy ［J］. Applied Economics Letters, 2004, 11（11）: 885 – 889.

［71］Sousa R. , Voss C. A. Operational Implications of Manufacturing Outsourcing for Subcontractor Plants ［J］. International Journal of Operations and Production Management, 2007, 27（9）: 167 – 200.

［72］Ten Raa T. , Wolff E. N. Outsourcing of Services and the Productivity Recovery in US Manufacturing in the 1980s and 1990s ［J］. Journal of Productivity Analysis, 2001, 16（4）: 254 – 301.

［73］Tomiura E. Foreign Outsourcing, Exporting, and FDI: A Productivity Comparison at the Firm Level ［J］. Journal of International Economics, 2007, 72（5）: 113 – 127.

［74］Windrum P. , A. Reinstaller, Bull Christopher. The Outsourcing Productivity Paradox: Total Outsourcing, Organizational Innovation, and Long Run Productivity

Growth［J］. Journal of Evolutionary Economics, 2009, 19 (2): 197 –291.

［75］William A., Frank M., Moshe Y., et al. Globalization and Offshoring of Software: A Report of the ACM Job Migration Task Force［R］. Association for Computing Machinery, 2006.

［76］Youngdahl W., Ramaswamy K. Offshoring Knowledge and Service Work: A Conceptual Model and Research Agenda［J］. Journal of Operations Management, 2008, 26 (2): 286 –313.

［77］陈爱贞, 刘志彪. 决定我国装备制造业在全球价值链中地位的因素——基于各细分行业投入产出实证分析［J］. 国际贸易问题, 2011 (4): 115 – 125.

［78］陈菲. 服务外包动因机制分析与发展趋势预测［J］. 中国工业经济, 2005 (6): 76 – 85.

［79］崔萍, 邓可斌. 服务外包与区域技术创新的互动机制研究——基于接包方的视角［J］. 国际贸易问题, 2013 (1): 96 – 105.

［80］费方域, 李靖, 郑育家, 等. 企业的研发外包——一个综述［J］. 经济学季刊, 2009 (2): 1107 – 1162.

［81］高敬峰. 中国出口价值链演化及其内在机理剖析［J］. 财贸经济, 2013 (4): 98 – 110.

［82］高彦彦, 刘志彪, 郑江淮. 技术能力、价值链位置与企业竞争力——来自苏州制造业的实证研究［J］. 财贸经济, 2009 (11): 106 – 113 + 139.

［83］顾磊, 刘思琦. 国际服务外包: 一个发展中国家的模型［J］. 世界经济研究, 2007 (9): 32 – 35.

［84］何玉梅, 孙艳青. 不完全契约、代理成本与国际外包水平——基于中国工业数据的实证分析［J］. 中国工业经济, 2011 (12): 57 – 66.

［85］霍景东, 黄群慧. 影响工业服务外包的因素分析——基于 22 个工业行业的面板数据分析［J］. 中国工业经济, 2012 (12): 44 – 56.

[86] 姜凌, 卢建平. 服务外包对我国制造业与服务业升级的作用机理 [J]. 经济学家, 2011 (12): 94-101.

[87] 江小涓. 服务全球化与服务外包: 现状、趋势及理论分析 [M]. 北京: 人民出版社, 2008.

[88] 江小涓. 服务外包: 合约形态变革及其理论蕴意 [J]. 经济研究, 2008 (7): 4-10.

[89] 江小娟. 服务外包: 合约形态变革及其理论蕴意——人力资本市场配置与劳务活动企业配置的统一 [J]. 经济研究, 2008 (7): 6-12+66.

[90] 江小涓. 服务全球化与服务外包——现状、趋势与理论分析 [M]. 北京: 人民出版社, 2009.

[91] 刘庆林, 刘小伟. 国外服务业外包理论研究综述 [J]. 山东社会科学, 2008 (6): 87-91.

[92] 刘志彪. 国际外包视角下我国产业升级问题的思考 [J]. 中国经济问题, 2009 (1): 6-15.

[93] 刘志彪. 服务业外包与中国新经济力量的战略崛起 [J]. 南京大学学报 (哲学·人文科学·社会科学), 2007, 44 (4): 49-58.

[94] 刘志彪. 重构国家价值链: 转变中国制造业发展方式的思考 [J]. 世界经济与政治论坛, 2011 (4): 1-14.

[95] 刘志彪, 张杰. 全球代工体系下发展中国家俘获型网络的形成、突破与对策——基于 GVC 与 NVC 的比较视角 [J]. 中国工业经济, 2007 (5): 39-47.

[96] 李强. 企业嵌入全球价值链的就业效应研究: 中国的经验分析 [J]. 中南财经政法大学学报, 2014 (1): 26-35.

[97] 李强. 中间品与资本品进口影响出口升级效应研究: 理论假说与检验 [J]. 科研管理, 2013 (11): 36-41.

[98] 李强. 企业出口背景下的 R&D 投入产出效应——基于江苏省企业科技

创新普查数据的分析 [J]．科研管理，2013（9）：89－96.

［99］李强，郑江淮．基于产品内分工的我国制造业价值链攀升：理论模型与实证分析 [J]．财贸经济，2013（9）：95－102.

［100］李强．环境规制与产业结构调整——基于 Baumol 模型的理论分析与实证研究 [J]．经济评论，2013（4）：100－107.

［101］李强．经济增长、通货膨胀与社会福利——基于扩展递归效用函数的实证分析 [J]．云南财经大学学报，2013（3）：45－52.

［102］李强，楚明钦．新能源和常规能源对经济增长的贡献比较分析——兼论战略性新兴产业的发展 [J]．资源科学，2013（4）：704－712.

［103］李强．基于城市视角下的生产性服务业与制造业双重集聚研究 [J]．商业经济与管理，2013（1）：70－78.

［104］李强，郑江淮．基础设施投资真的能促进经济增长吗？——基于基础设施投资"挤出效应"的实证分析 [J]．产业经济研究，2012（3）：50－58.

［105］李强，郑江淮．我国劳动生产率的"地区—产业收敛悖论"——基于差异分解的实证研究 [J]．财贸研究，2012（2）：60－66.

［106］李强．产业结构变动加剧还是抑制经济波动——基于我国的实证分析 [J]．经济与管理研究，2012（7）：29－37.

［107］李强．农村劳动力流动与城乡收入差距——基于面板协整模型的分析 [J]．统计与决策，2013（6）：111－115.

［108］李强．产业转移、人力资本积累与中部经济增长 [J]．数理统计与管理，2011（1）：107－117.

［109］罗勇，曹丽莉．全球价值链视角下我国产业集群升级的思路 [J]．国际贸易问题，2008（11）：92－98.

［110］卢峰．我国承接国际服务外包问题研究 [J]．经济研究，2007（9）：49－61.

［111］卢锋．服务外包的经济学分析：产品内分工视角 [M]．北京：北京

大学出版社，2007.

　　［112］刘绍坚．承接国际软件外包的技术外溢效应研究［J］．经济研究，2008（5）：105－111.

　　［113］牛卫平．国际外包陷阱产生机理及其跨越研究［J］．中国工业经济，2012（5）：109－121.

　　［114］庞春．一体化，外包与经济演进：超边际——新兴古典一般均衡分析［J］．经济研究，2010（3）：28－49.

　　［115］任志成，张二震．承接国际服务外包、技术溢出与本土企业创新能力提升［J］．南京社会科学，2012（2）：26－33.

　　［116］陶锋，李诗田．全球价值链代工过程中的产品开发知识溢出和学习效应［J］．管理世界，2008（1）：115－122.

　　［117］唐玲．国际外包率的测量及行业差异——基于中国工业行业的实证研究［J］．国际贸易问题，2009（8）：66－74.

　　［118］唐海燕，张会清．产品内国际分工与发展中国家的价值链提升［J］．经济研究，2009，4（9）：81－93.

　　［119］王爱虎，钟雨晨．中国吸引跨国外包的经济环境和政策研究［J］．经济研究，2006（8）：81－92.

　　［120］王习农．服务外包不等于服务业外包——服务外包概念再认识与理论新析［J］．国际贸易问题，2012（8）：91－100.

　　［121］徐毅，张二震．外包与生产率：基于工业行业数据的经验研究［J］．经济研究，2008（1）：103－113.

　　［122］姚博，魏玮．参与生产分割对中国工业价值链及收入的影响研究［J］．中国工业经济，2012（10）：65－76.

　　［123］原小能．国际服务外包与服务企业价值链升级研究［J］．国际经贸探索，2012（10）：56－67.

　　［124］杨继军，张如庆，张二震．承接国际服务外包与长三角产业结构升级

［J］．南京社会科学，2008（5）：1 – 7.

［125］岳西明，张曙．我国服务业增加值的核算问题［J］．经济研究，2002（12）：54 – 66.

［126］张宗庆，郑江淮．技术无限供给条件下企业创新行为——基于中国工业企业创新调查的实证分析［J］．管理世界，2013（1）：115 – 130.

［127］张杰，李勇，刘志彪．外包与技术转移：基于发展中国家异质性模仿的分析［J］．经济学季刊，2010（4）：1261 – 1286.

［128］张杰，刘志彪，郑江淮．出口战略、代工行为与本土企业创新：来自江苏地区制造业企业的经验证据［J］．经济理论与经济管理，2008（1）：12 – 19.

［129］张辉．全球价值链理论与我国产业发展研究［J］．中国工业经济，2004（5）：38 – 46.

［130］张辉．全球价值链动力机制与产业发展策略［J］．中国工业经济，2006（1）：40 – 48.

［131］张会清，唐海燕．发展中国家承接国际外包的决定因素——兼论中国的比较优势［J］．国际贸易问题，2010（8）：68 – 75.

［132］张少军，刘志彪．国内价值链是否对接了全球价值链——基于联立方程模型的经验分析［J］．国际贸易问题，2013（2）：14 – 27.

［133］周彩红．产业价值链提升路径的理论与实证研究——以长三角制造业为例［J］．中国软科学，2009（7）：163 – 171.

［134］朱晓明，潘龙清，黄峰．服务外包——把握现代服务业发展新机遇［M］．上海：上海交通大学出版社，2006.

附录1 中间服务投入数据

单位：亿元

	交通运输与仓储业	综合技术服务业	信息传输，计算机服务和软件业	批发和零售业	研究与试验发展业	总和	交通运输与仓储业	综合技术服务业	信息传输，计算机服务和软件业	批发和零售业	研究与试验发展业	总和
年份	2009						2010					
食品加工制造业	7.55	1.28	2.41	3.37	1.44	16.05	8.07	1.37	2.58	3.61	1.55	17.18
饮料制造业	0.18	0.03	0.06	0.08	0.04	0.39	0.20	0.03	0.06	0.09	0.04	0.42
烟草制品业	0.38	0.06	0.12	0.17	0.07	0.81	0.40	0.07	0.13	0.18	0.08	0.86
纺织业	55.22	9.40	17.62	24.67	10.57	117.48	59.08	10.06	18.86	26.40	11.31	125.71
纺织服装、鞋、帽制造业	16.11	2.74	5.14	7.20	3.08	34.27	17.23	2.93	5.50	7.70	3.30	36.67
皮革、毛皮、羽毛（绒）及其制品业	20.79	3.54	6.63	9.29	3.98	44.23	22.24	3.79	7.10	9.94	4.26	47.33
木材加工及木、竹、藤、棕草制品业	5.29	0.90	1.69	2.36	1.01	11.25	5.66	0.96	1.81	2.53	1.08	12.03
家具制造业	1.41	0.24	0.45	0.63	0.27	2.99	1.50	0.26	0.48	0.67	0.29	3.20

续表

	交通运输与仓储业	综合技术服务业	信息传输，计算机服务和软件业	批发和零售业	研究与试验发展业	总和	交通运输与仓储业	综合技术服务业	信息传输，计算机服务和软件业	批发和零售业	研究与试验发展业	总和
年份	2009						2010					
造纸及纸制品业	13.92	2.37	4.44	6.22	2.67	29.62	14.90	2.54	4.75	6.66	2.85	31.70
印刷业和记录媒介的复制	3.59	0.61	1.15	1.60	0.69	7.64	3.84	0.65	1.23	1.72	0.74	8.17
文教体育用品制造业	11.25	1.92	3.59	5.03	2.15	23.94	12.04	2.05	3.84	5.38	2.31	25.62
石油加工、炼焦及核燃料加工业	4.12	0.70	1.31	1.84	0.79	8.76	4.41	0.75	1.41	1.97	0.84	9.38
化学原料及化学制品制造业	66.00	11.23	21.06	29.49	12.64	140.42	70.61	12.02	22.54	31.55	13.52	150.24
医药制造业	1.25	0.21	0.40	0.56	0.24	2.67	1.34	0.23	0.43	0.60	0.26	2.85
化学纤维制造业	8.73	1.49	2.79	3.90	1.67	18.58	9.35	1.59	2.98	4.18	1.79	19.88
黑色金属冶炼及压延加工业	26.52	4.51	8.46	11.85	5.08	56.42	28.37	4.83	9.06	12.68	5.43	60.37
有色金属冶炼及压延加工业	11.27	1.92	3.60	5.04	2.16	23.99	12.06	2.05	3.85	5.39	2.31	25.67
金属制品业	10.51	1.79	3.35	4.69	2.01	22.36	11.24	1.91	3.59	5.02	2.15	23.92
通用设备制造业	51.86	8.83	16.55	23.17	9.93	110.33	55.49	9.44	17.71	24.79	10.62	118.05
专用设备制造业	47.73	8.12	15.23	21.32	9.14	101.55	51.07	8.69	16.30	22.82	9.78	108.65
交通运输设备制造业	31.53	5.37	10.06	14.09	6.04	67.09	33.74	5.74	10.77	15.08	6.46	71.79

续表

	交通运输与仓储业	综合技术服务业	信息传输，计算机服务和软件业	批发和零售业	研究与试验发展业	总和	交通运输与仓储业	综合技术服务业	信息传输，计算机服务和软件业	批发和零售业	研究与试验发展业	总和
年份	2009						2010					
电气机械及器材制造业	79.93	13.60	25.51	35.71	15.31	170.06	85.52	14.56	27.29	38.21	16.38	181.97
通信设备、计算机及其他电子设备制造业	48.86	8.32	15.59	21.83	9.36	103.96	52.28	8.90	16.69	23.36	10.01	111.24
仪器仪表及文化、办公用机械制造业	32.00	5.45	10.21	14.30	6.13	68.08	34.24	5.83	10.93	15.30	6.56	72.85
年份	2011						2012					
食品加工制造业	8.56	1.46	2.73	3.82	1.64	18.21	9.97	1.70	3.18	4.46	1.91	21.22
饮料制造业	0.21	0.04	0.07	0.09	0.04	0.44	0.38	0.07	0.12	0.17	0.07	0.82
烟草制品业	0.43	0.07	0.14	0.19	0.08	0.91	0.03	0.01	0.01	0.01	0.01	0.06
纺织业	62.63	10.66	19.99	27.98	11.99	133.25	55.53	9.45	17.72	24.81	10.63	118.15
纺织服装、鞋、帽制造业	18.27	3.11	5.83	8.16	3.50	38.87	31.76	5.41	10.14	14.19	6.08	67.58
皮革、毛皮、羽毛（绒）及其制品业	23.58	4.01	7.52	10.53	4.51	50.16	24.63	4.19	7.86	11.01	4.72	52.41
木材加工及木、竹、藤、棕草制品业	6.00	1.02	1.91	2.68	1.15	12.76	4.77	0.81	1.52	2.13	0.91	10.15
家具制造业	1.59	0.27	0.51	0.71	0.31	3.39	2.43	0.41	0.78	1.09	0.47	5.17

续表

	交通运输与仓储业	综合技术服务业	信息传输,计算机服务和软件业	批发和零售业	研究与试验发展业	总和	交通运输与仓储业	综合技术服务业	信息传输,计算机服务和软件业	批发和零售业	研究与试验发展业	总和
年份	2011						2012					
造纸及纸制品业	15.79	2.69	5.04	7.06	3.02	33.60	20.76	3.53	6.62	9.27	3.97	44.16
印刷业和记录媒介的复制	4.07	0.69	1.30	1.82	0.78	8.66	1.92	0.33	0.61	0.86	0.37	4.08
文教体育用品制造业	12.76	2.17	4.07	5.70	2.44	27.16	34.14	5.81	10.90	15.26	6.54	72.65
石油加工、炼焦及核燃料加工业	4.67	0.80	1.49	2.09	0.89	9.94	3.60	0.61	1.15	1.61	0.69	7.66
化学原料及化学制品制造业	74.85	12.74	23.89	33.44	14.33	159.26	114.60	19.51	36.58	51.21	21.95	243.83
医药制造业	1.42	0.24	0.45	0.64	0.27	3.03	4.38	0.75	1.40	1.96	0.84	9.31
化学纤维制造业	9.91	1.69	3.16	4.43	1.90	21.08	6.14	1.04	1.96	2.74	1.18	13.06
黑色金属冶炼及压延加工业	30.08	5.12	9.60	13.44	5.76	63.99	44.01	7.49	14.05	19.66	8.43	93.64
有色金属冶炼及压延加工业	12.79	2.18	4.08	5.71	2.45	27.21	24.03	4.09	7.67	10.74	4.60	51.13
金属制品业	11.92	2.03	3.80	5.32	2.28	25.36	15.33	2.61	4.89	6.85	2.93	32.61
通用设备制造业	58.81	10.01	18.77	26.28	11.26	125.14	93.92	15.99	29.98	41.97	17.99	199.84
专用设备制造业	54.13	9.21	17.28	24.19	10.37	115.17	69.14	11.77	22.06	30.89	13.24	147.10

续表

	交通运输与仓储业	综合技术服务业	信息传输,计算机服务和软件业	批发和零售业	研究与试验发展业	总和	交通运输与仓储业	综合技术服务业	信息传输,计算机服务和软件业	批发和零售业	研究与试验发展业	总和
年份	2011						2012					
交通运输设备制造业	35.76	6.09	11.41	15.98	6.85	76.09	56.19	9.56	17.93	25.11	10.76	119.55
电气机械及器材制造业	90.66	15.43	28.93	40.51	17.36	192.88	213.84	36.40	68.25	95.55	40.95	454.98
通信设备、计算机及其他电子设备制造业	55.42	9.43	17.69	24.76	10.61	117.91	142.62	24.28	45.52	63.72	27.31	303.44
仪器仪表及文化、办公用机械制造业	36.29	6.18	11.58	16.22	6.95	77.22	52.21	8.89	16.66	23.33	10.00	111.08
年份	2013						2014					
食品加工制造业	10.96	1.87	3.50	4.90	2.10	23.32	11.84	2.02	3.78	5.29	2.27	25.19
饮料制造业	0.42	0.07	0.13	0.19	0.08	0.90	0.46	0.08	0.15	0.20	0.09	0.97
烟草制品业	0.03	0.01	0.01	0.01	0.01	0.07	0.04	0.01	0.01	0.02	0.01	0.07
纺织业	61.02	10.39	19.48	27.27	11.69	129.84	65.90	11.22	21.03	29.45	12.62	140.22
纺织服装、鞋、帽制造业	34.91	5.94	11.14	15.60	6.68	74.27	37.70	6.42	12.03	16.84	7.22	80.21
皮革、毛皮、羽毛（绒）及其制品业	27.07	4.61	8.64	12.09	5.18	57.59	29.23	4.98	9.33	13.06	5.60	62.20
木材加工及木、竹、藤、棕草制品业	5.24	0.89	1.67	2.34	1.00	11.16	5.66	0.96	1.81	2.53	1.08	12.05

续表

	交通运输与仓储业	综合技术服务业	信息传输，计算机服务和软件业	批发和零售业	研究与试验发展业	总和	交通运输与仓储业	综合技术服务业	信息传输，计算机服务和软件业	批发和零售业	研究与试验发展业	总和
年份	2013						2014					
家具制造业	2.67	0.45	0.85	1.19	0.51	5.68	2.88	0.49	0.92	1.29	0.55	6.14
造纸及纸制品业	22.81	3.88	7.28	10.19	4.37	48.53	24.63	4.19	7.86	11.01	4.72	52.41
印刷业和记录媒介的复制	2.11	0.36	0.67	0.94	0.40	4.49	2.28	0.39	0.73	1.02	0.44	4.84
文教体育用品制造业	37.52	6.39	11.97	16.76	7.18	79.83	40.52	6.90	12.93	18.11	7.76	86.22
石油加工、炼焦及核燃料加工业	3.96	0.67	1.26	1.77	0.76	8.42	4.27	0.73	1.36	1.91	0.82	9.09
化学原料及化学制品制造业	125.94	21.44	40.19	56.27	24.12	267.95	136.01	23.15	43.41	60.77	26.04	289.39
医药制造业	4.81	0.82	1.54	2.15	0.92	10.24	5.20	0.88	1.66	2.32	0.99	11.05
化学纤维制造业	6.75	1.15	2.15	3.01	1.29	14.35	7.29	1.24	2.33	3.26	1.40	15.50
黑色金属冶炼及压延加工业	48.36	8.23	15.44	21.61	9.26	102.90	52.23	8.89	16.67	23.34	10.00	111.13
有色金属冶炼及压延加工业	26.41	4.50	8.43	11.80	5.06	56.19	28.52	4.85	9.10	12.74	5.46	60.68
金属制品业	16.84	2.87	5.38	7.53	3.23	35.83	18.19	3.10	5.81	8.13	3.48	38.70
通用设备制造业	103.21	17.57	32.94	46.12	19.76	219.60	111.47	18.97	35.58	49.81	21.35	237.17

续表

	交通运输与仓储业	综合技术服务业	信息传输，计算机服务和软件业	批发和零售业	研究与试验发展业	总和	交通运输与仓储业	综合技术服务业	信息传输，计算机服务和软件业	批发和零售业	研究与试验发展业	总和
年份	2013						2014					
专用设备制造业	75.97	12.93	24.25	33.95	14.55	161.64	82.05	13.97	26.19	36.66	15.71	174.58
交通运输设备制造业	61.75	10.51	19.71	27.59	11.82	131.38	66.69	11.35	21.28	29.80	12.77	141.89
电气机械及器材制造业	234.99	40.00	75.00	104.99	45.00	499.97	253.79	43.20	81.00	113.39	48.60	539.97
通信设备、计算机及其他电子设备制造业	156.72	26.68	50.02	70.03	30.01	333.45	169.26	28.81	54.02	75.63	32.41	360.13
仪器仪表及文化、办公用机械制造业	57.37	9.76	18.31	25.63	10.99	122.06	61.96	10.55	19.77	27.68	11.86	131.83
年份	2015						2016					
食品加工制造业	12.55	2.14	4.00	5.61	2.40	26.70	11.31	1.92	3.61	5.05	2.17	24.06
饮料制造业	0.48	0.08	0.15	0.22	0.09	1.03	0.77	0.13	0.25	0.34	0.15	1.64
烟草制品业	0.04	0.01	0.01	0.02	0.01	0.08	0.10	0.02	0.03	0.05	0.02	0.22
纺织业	69.86	11.89	22.30	31.21	13.38	148.64	83.37	14.19	26.61	37.25	15.96	177.38
纺织服装、鞋、帽制造业	39.96	6.80	12.75	17.85	7.65	85.02	48.47	8.25	15.47	21.66	9.28	103.13
皮革、毛皮、羽毛（绒）及其制品业	30.99	5.27	9.89	13.85	5.93	65.93	41.55	7.07	13.26	18.57	7.96	88.41

续表

	交通运输与仓储业	综合技术服务业	信息传输，计算机服务和软件业	批发和零售业	研究与试验发展业	总和	交通运输与仓储业	综合技术服务业	信息传输，计算机服务和软件业	批发和零售业	研究与试验发展业	总和
年份	2015						2016					
木材加工及木、竹、藤、棕草制品业	6.00	1.02	1.92	2.68	1.15	12.77	9.08	1.55	2.90	4.06	1.74	19.32
家具制造业	3.06	0.52	0.98	1.37	0.59	6.50	11.33	1.93	3.62	5.06	2.17	24.10
造纸及纸制品业	26.11	4.44	8.33	11.67	5.00	55.56	49.25	8.38	15.72	22.01	9.43	104.79
印刷业和记录媒介的复制	2.41	0.41	0.77	1.08	0.46	5.13	4.70	0.80	1.50	2.10	0.90	10.01
文教体育用品制造业	42.95	7.31	13.71	19.19	8.23	91.39	20.38	3.47	6.51	9.11	3.90	43.37
石油加工、炼焦及核燃料加工业	4.53	0.77	1.45	2.02	0.87	9.64	17.24	2.93	5.50	7.70	3.30	36.69
化学原料及化学制品制造业	144.17	24.54	46.01	64.42	27.61	306.75	384.46	65.44	122.70	171.78	73.62	818.00
医药制造业	5.51	0.94	1.76	2.46	1.05	11.72	11.86	2.02	3.79	5.30	2.27	25.24
化学纤维制造业	7.72	1.31	2.46	3.45	1.48	16.43	7.28	1.24	2.32	3.25	1.39	15.49
黑色金属冶炼及压延加工业	55.37	9.42	17.67	24.74	10.60	117.80	95.03	16.18	30.33	42.46	18.20	202.20
有色金属冶炼及压延加工业	30.23	5.15	9.65	13.51	5.79	64.33	39.29	6.69	12.54	17.56	7.52	83.60
金属制品业	19.28	3.28	6.15	8.61	3.69	41.02	24.69	4.20	7.88	11.03	4.73	52.53

续表

	交通运输与仓储业	综合技术服务业	信息传输,计算机服务和软件业	批发和零售业	研究与试验发展业	总和	交通运输与仓储业	综合技术服务业	信息传输,计算机服务和软件业	批发和零售业	研究与试验发展业	总和
年份	2015						2016					
通用设备制造业	118.16	20.11	37.71	52.79	22.63	251.40	184.52	31.41	58.89	82.45	35.33	392.60
专用设备制造业	86.97	14.80	27.76	38.86	16.65	185.05	162.05	27.58	51.72	72.41	31.03	344.79
交通运输设备制造业	70.69	12.03	22.56	31.58	13.54	150.40	200.47	34.12	63.98	89.57	38.39	426.53
电气机械及器材制造业	269.01	45.79	85.86	120.20	51.51	572.37	957.97	163.06	305.74	428.03	183.44	2038.23
通信设备、计算机及其他电子设备制造业	179.42	30.54	57.26	80.17	34.36	381.74	307.89	52.41	98.26	137.57	58.96	655.08
仪器仪表及文化、办公用机械制造业	65.68	11.18	20.96	29.34	12.58	139.74	138.34	23.55	44.15	61.81	26.49	294.34
年份	2017						2018					
食品加工制造业	11.90	2.03	3.80	5.32	2.28	25.32	12.85	2.19	4.10	5.74	2.46	27.35
饮料制造业	0.81	0.14	0.26	0.36	0.16	1.73	0.88	0.15	0.28	0.39	0.17	1.87
烟草制品业	0.11	0.02	0.03	0.05	0.02	0.23	0.12	0.02	0.04	0.05	0.02	0.25
纺织业	87.76	14.94	28.01	39.21	16.80	186.71	94.78	16.13	30.25	42.35	18.15	201.65
纺织服装、鞋、帽制造业	51.02	8.68	16.28	22.80	9.77	108.56	55.11	9.38	17.59	24.62	10.55	117.24
皮革、毛皮、羽毛(绒)及其制品业	43.74	7.44	13.96	19.54	8.38	93.06	47.24	8.04	15.08	21.11	9.05	100.50

续表

	交通运输与仓储业	综合技术服务业	信息传输，计算机服务和软件业	批发和零售业	研究与试验发展业	总和	交通运输与仓储业	综合技术服务业	信息传输，计算机服务和软件业	批发和零售业	研究与试验发展业	总和
年份	2017						2018					
木材加工及木、竹、藤、棕草制品业	9.56	1.63	3.05	4.27	1.83	20.33	10.32	1.76	3.29	4.61	1.98	21.96
家具制造业	11.92	2.03	3.81	5.33	2.28	25.37	12.88	2.19	4.11	5.75	2.47	27.40
造纸及纸制品业	51.84	8.82	16.55	23.16	9.93	110.31	55.99	9.53	17.87	25.02	10.72	119.13
印刷业和记录媒介的复制	4.95	0.84	1.58	2.21	0.95	10.53	5.35	0.91	1.71	2.39	1.02	11.38
文教体育用品制造业	21.46	3.65	6.85	9.59	4.11	45.66	23.17	3.94	7.40	10.35	4.44	49.31
石油加工、炼焦及核燃料加工业	18.15	3.09	5.79	8.11	3.48	38.62	19.60	3.34	6.26	8.76	3.75	41.71
化学原料及化学制品制造业	404.69	68.88	129.16	180.82	77.49	861.05	437.07	74.39	139.49	195.29	83.69	929.94
医药制造业	12.49	2.13	3.98	5.58	2.39	26.57	13.48	2.30	4.30	6.02	2.58	28.69
化学纤维制造业	7.66	1.30	2.45	3.42	1.47	16.31	8.28	1.41	2.64	3.70	1.59	17.61
黑色金属冶炼及压延加工业	100.04	17.03	31.93	44.70	19.16	212.84	108.04	18.39	34.48	48.27	20.69	229.87
有色金属冶炼及压延加工业	41.36	7.04	13.20	18.48	7.92	88.00	44.67	7.60	14.26	19.96	8.55	95.04

续表

	交通运输与仓储业	综合技术服务业	信息传输、计算机服务和软件业	批发和零售业	研究与试验发展业	总和	交通运输与仓储业	综合技术服务业	信息传输、计算机服务和软件业	批发和零售业	研究与试验发展业	总和
年份	2017						2018					
金属制品业	25.99	4.42	8.29	11.61	4.98	55.29	28.07	4.78	8.96	12.54	5.37	59.72
通用设备制造业	194.23	33.06	61.99	86.79	37.19	413.26	209.77	35.71	66.95	93.73	40.17	446.33
专用设备制造业	170.58	29.04	54.44	76.22	32.66	362.94	184.23	31.36	58.80	82.31	35.28	391.98
交通运输设备制造业	211.02	35.92	67.35	94.29	40.41	448.98	227.90	38.79	72.74	101.83	43.64	484.90
电气机械及器材制造业	1008.39	171.64	321.83	450.56	193.10	2145.51	1089.06	185.37	347.57	486.60	208.54	2317.15
通信设备、计算机及其他电子设备制造业	324.09	55.17	103.43	144.81	62.06	689.56	350.02	59.58	111.71	156.39	67.03	744.73
仪器仪表及文化、办公用机械制造业	145.62	24.79	46.47	65.06	27.88	309.83	157.27	26.77	50.19	70.27	30.12	334.62

附录2 国际服务外包与国内服务外包投入水平以及承接国际服务外包水平与国内服务外包水平

单位：亿元

	承接国际服务投入	承接国内服务投入	总产出水平	国际服务外包水平	国内服务外包水平	承接国际服务投入	承接国内服务投入	总产出水平	国际服务外包水平	国内服务外包水平
年份	2009					2010				
食品加工制造业	10.8846	5.1694	260.3974	0.0418	0.0199	11.4958	5.6820	281.0709	0.0409	0.0202
饮料制造业	0.2651	0.1259	115.2600	0.0023	0.0011	0.2800	0.1384	49.1199	0.0057	0.0028
烟草制品业	0.5458	0.2592	56.8531	0.0096	0.0046	0.5764	0.2849	82.3481	0.0070	0.0035
纺织业	79.6542	37.8298	716.3143	0.1112	0.0528	84.1269	41.5810	838.7523	0.1003	0.0496
纺织服装、鞋、帽制造业	23.2351	11.0349	331.9294	0.0700	0.0332	24.5397	12.1292	320.3622	0.0766	0.0379
皮革、毛皮、羽毛（绒）及其制品业	29.9873	14.2417	195.8672	0.1531	0.0727	31.6711	15.6539	243.0629	0.1303	0.0644
木材加工及木、竹、藤、棕草制品业	7.6255	3.6215	168.7050	0.0452	0.0215	8.0536	3.9806	212.4973	0.0379	0.0187
家具制造业	2.0272	0.9628	30.5765	0.0663	0.0315	2.1411	1.0582	34.4775	0.0621	0.0307

续表

	承接国际服务投入	承接国内服务投入	总产出水平	国际服务外包水平	国内服务外包水平	承接国际服务投入	承接国内服务投入	总产出水平	国际服务外包水平	国内服务外包水平
年份	2009					2010				
造纸及纸制品业	20.0851	9.5389	157.5300	0.1275	0.0606	21.2129	10.4848	162.3021	0.1307	0.0646
印刷业和记录媒介的复制	5.1772	2.4588	76.9273	0.0673	0.0320	5.4679	2.7026	90.8292	0.0602	0.0298
文教体育用品制造业	16.2334	7.7096	882.2475	0.0184	0.0087	17.1449	8.4741	357.9307	0.0479	0.0237
石油加工、炼焦及核燃料加工业	5.9413	2.8217	59.7117	0.0995	0.0473	6.2749	3.1015	69.1833	0.0907	0.0448
化学原料及化学制品制造业	95.2014	45.2136	564.3235	0.1687	0.0801	100.5471	49.6970	569.6718	0.1765	0.0872
医药制造业	1.8089	0.8591	107.0357	0.0169	0.0080	1.9105	0.9443	90.5439	0.0211	0.0104
化学纤维制造业	12.6000	5.9840	126.8877	0.0993	0.0472	13.3075	6.5774	164.9004	0.0807	0.0399
黑色金属冶炼及压延加工业	38.2521	18.1669	387.1668	0.0988	0.0469	40.4000	19.9683	493.2844	0.0819	0.0405
有色金属冶炼及压延加工业	16.2645	7.7245	149.2160	0.1090	0.0518	17.1778	8.4904	177.0909	0.0970	0.0479
金属制品业	15.1574	7.1986	435.5566	0.0348	0.0165	16.0085	7.9124	422.3873	0.0379	0.0187
通用设备制造业	74.8044	35.5266	381.6552	0.1960	0.0931	79.0048	39.0494	387.2784	0.2040	0.1008
专用设备制造业	68.8475	32.6975	305.1751	0.2256	0.1071	72.7134	35.9397	343.4738	0.2117	0.1046
交通运输设备制造业	45.4877	21.6033	532.0199	0.0855	0.0406	48.0419	23.7455	550.3082	0.0873	0.0431
电气机械及器材制造业	115.3020	54.7600	561.6271	0.2053	0.0975	121.7764	60.1899	444.6018	0.2739	0.1354
通信设备、计算机及其他电子设备制造业	70.4849	33.4751	501.3149	0.1406	0.0668	74.4427	36.7945	501.2977	0.1485	0.0734

续表

	承接国际服务投入	承接国内服务投入	总产出水平	国际服务外包水平	国内服务外包水平	承接国际服务投入	承接国内服务投入	总产出水平	国际服务外包水平	国内服务外包水平
年份	2009					2010				
仪器仪表及文化、办公用机械制造业	46.1582	21.9218	125.5323	0.3677	0.1746	48.7501	24.0955	130.9079	0.3724	0.1841
年份	2011					2012				
食品加工制造业	12.1499	6.0586	306.0423	0.0397	0.0198	14.1299	7.0931	347.1721	0.0407	0.0204
饮料制造业	0.2959	0.1476	40.5362	0.0073	0.0036	0.5435	0.2728	64.6974	0.0084	0.0042
烟草制品业	0.6092	0.3038	129.6244	0.0047	0.0023	0.0418	0.0210	13.4853	0.0031	0.0016
纺织业	88.9134	44.3369	1009.2330	0.0881	0.0439	78.6620	39.4878	1084.9937	0.0725	0.0364
纺织服装、鞋、帽制造业	25.9360	12.9330	362.7410	0.0715	0.0357	44.9955	22.5874	637.3304	0.0706	0.0354
皮革、毛皮、羽毛（绒）及其制品业	33.4731	16.6914	269.0763	0.1244	0.0620	34.8928	17.5159	310.1581	0.1125	0.0565
木材加工及木、竹、藤、棕草制品业	8.5119	4.2445	289.5196	0.0294	0.0147	6.7584	3.3927	334.5736	0.0202	0.0101
家具制造业	2.2629	1.1284	37.9040	0.0597	0.0298	3.4419	1.7278	59.1392	0.0582	0.0292
造纸及纸制品业	22.4198	11.1797	177.0919	0.1266	0.0631	29.4025	14.7598	245.4296	0.1198	0.0601
印刷业和记录媒介的复制	5.7790	2.8817	112.2141	0.0515	0.0257	2.7173	1.3641	68.9667	0.0394	0.0198
文教体育用品制造业	18.1204	9.0358	230.5391	0.0786	0.0392	48.3678	24.2803	530.9303	0.0911	0.0457
石油加工、炼焦及核燃料加工业	6.6320	3.3070	81.4736	0.0814	0.0406	5.1001	2.5602	67.8211	0.0752	0.0377
化学原料及化学制品制造业	106.2679	52.9908	582.9287	0.1823	0.0909	162.3406	81.4939	851.7346	0.1906	0.0957

续表

	承接国际服务投入	承接国内服务投入	总产出水平	国际服务外包水平	国内服务外包水平	承接国际服务投入	承接国内服务投入	总产出水平	国际服务外包水平	国内服务外包水平
年份	2011					2012				
医药制造业	2.0192	1.0069	67.9858	0.0297	0.0148	6.2010	3.1129	161.4842	0.0384	0.0193
化学纤维制造业	14.0646	7.0134	211.8165	0.0664	0.0331	8.6953	4.3650	202.6883	0.0429	0.0215
黑色金属冶炼及压延加工业	42.6986	21.2918	653.8842	0.0653	0.0326	62.3444	31.2964	1125.3497	0.0554	0.0278
有色金属冶炼及压延加工业	18.1552	9.0531	179.7544	0.1010	0.0504	34.0428	17.0892	298.6207	0.1140	0.0572
金属制品业	16.9193	8.4369	427.2554	0.0396	0.0197	21.7104	10.8985	477.1526	0.0455	0.0228
通用设备制造业	83.4999	41.6375	436.4869	0.1913	0.0954	133.0496	66.7900	728.6398	0.1826	0.0917
专用设备制造业	76.8506	38.3218	383.4860	0.2004	0.0999	97.9339	49.1621	496.3705	0.1973	0.0990
交通运输设备制造业	50.7753	25.3193	589.0412	0.0862	0.0430	79.5957	39.9565	964.7961	0.0825	0.0414
电气机械及器材制造业	128.7051	64.1792	377.6560	0.3408	0.1699	302.9151	152.0613	743.5323	0.4074	0.2045
通信设备、计算机及其他电子设备制造业	78.6783	39.2331	515.2475	0.1527	0.0761	202.0270	101.4162	1250.1670	0.1616	0.0811
仪器仪表及文化、办公用机械制造业	51.5238	25.6925	145.0967	0.3551	0.1771	73.9521	37.1234	199.6007	0.3705	0.1860
年份	2013					2014				
食品加工制造业	15.5258	7.7962	379.6029	0.0409	0.0205	16.6695	8.5182	397.8404	0.0419	0.0214
饮料制造业	0.5971	0.2999	49.7620	0.0120	0.0060	0.6411	0.3276	72.0376	0.0089	0.0045

续表

	承接国际服务投入	承接国内服务投入	总产出水平	国际服务外包水平	国内服务外包水平	承接国际服务投入	承接国内服务投入	总产出水平	国际服务外包水平	国内服务外包水平
年份	2013					2014				
烟草制品业	0.0459	0.0231	35.3340	0.0013	0.0007	0.0493	0.0252	27.3989	0.0018	0.0009
纺织业	86.4328	43.4022	1513.7101	0.0571	0.0287	92.8002	47.4216	1171.7196	0.0792	0.0405
纺织服装、鞋、帽制造业	49.4405	24.8265	734.6286	0.0673	0.0338	53.0827	27.1257	620.1249	0.0856	0.0437
皮革、毛皮、羽毛（绒）及其制品业	38.3397	19.2523	416.2839	0.0921	0.0462	41.1642	21.0352	301.7900	0.1364	0.0697
木材加工及木、竹、藤、棕草制品业	7.4260	3.7290	476.0275	0.0156	0.0078	7.9731	4.0743	466.2626	0.0171	0.0087
家具制造业	3.7819	1.8991	67.4138	0.0561	0.0282	4.0605	2.0750	74.9174	0.0542	0.0277
造纸及纸制品业	32.3071	16.2229	277.7906	0.1163	0.0584	34.6871	17.7253	278.8348	0.1244	0.0636
印刷业和记录媒介的复制	2.9857	1.4993	142.1773	0.0210	0.0105	3.2057	1.6381	115.7283	0.0277	0.0142
文教体育用品制造业	53.1459	26.6871	518.4963	0.1025	0.0515	57.0610	29.1586	706.2007	0.0808	0.0413
石油加工、炼焦及核燃料加工业	5.6040	2.8140	81.4531	0.0688	0.0345	6.0168	3.0746	90.8883	0.0662	0.0338
化学原料及化学制品制造业	178.3778	89.5722	886.5696	0.2012	0.1010	191.5185	97.8675	872.9195	0.2194	0.1121
医药制造业	6.8136	3.4214	159.9430	0.0426	0.0214	7.3155	3.7383	177.1311	0.0413	0.0211
化学纤维制造业	9.5543	4.7977	361.9058	0.0264	0.0133	10.2582	5.2420	257.7427	0.0398	0.0203
黑色金属冶炼及压延加工业	68.5032	34.3988	1439.1428	0.0476	0.0239	73.5497	37.5845	1473.9419	0.0499	0.0255

续表

	承接国际服务投入	承接国内服务投入	总产出水平	国际服务外包水平	国内服务外包水平	承接国际服务投入	承接国内服务投入	总产出水平	国际服务外包水平	国内服务外包水平
年份		2013					2014			
有色金属冶炼及压延加工业	37.4057	18.7833	322.4633	0.1160	0.0582	40.1614	20.5228	333.2893	0.1205	0.0616
金属制品业	23.8552	11.9788	500.1082	0.0477	0.0240	25.6125	13.0882	532.4849	0.0481	0.0246
通用设备制造业	146.1932	73.4108	853.9325	0.1712	0.0860	156.9630	80.2093	852.5965	0.1841	0.0941
专用设备制造业	107.6085	54.0355	581.6676	0.1850	0.0929	115.5358	59.0397	580.8739	0.1989	0.1016
交通运输设备制造业	87.4587	43.9173	1038.7020	0.0842	0.0423	93.9016	47.9845	1074.3893	0.0874	0.0447
电气机械及器材制造业	332.8392	167.1348	688.8228	0.4832	0.2426	357.3588	182.6131	728.2633	0.4907	0.2508
通信设备、计算机及其他电子设备制造业	221.9847	111.4693	1334.0424	0.1664	0.0836	238.3378	121.7925	1454.1662	0.1639	0.0838
仪器仪表及文化、办公用机械制造业	81.2576	40.8034	156.6865	0.5186	0.2604	87.2437	44.5822	262.4660	0.3324	0.1699
年份		2015					2016			
食品加工制造业	17.5847	9.1143	413.7576	0.0425	0.0220	15.7719	8.2840	364.2469	0.0433	0.0227
饮料制造业	0.6763	0.3506	88.9914	0.0076	0.0039	1.0757	0.5650	158.1864	0.0068	0.0036
烟草制品业	0.0520	0.0270	24.7742	0.0021	0.0011	0.1433	0.0752	89.5352	0.0016	0.0008
纺织业	97.8951	50.7400	1140.9685	0.0858	0.0445	116.2954	61.0829	1140.1512	0.1020	0.0536
纺织服装、鞋、帽制造业	55.9970	29.0238	504.4778	0.1110	0.0575	67.6169	35.5151	531.9980	0.1271	0.0668
皮革、毛皮、羽毛（绒）及其制品业	43.4241	22.5072	279.7948	0.1552	0.0804	57.9615	30.4436	328.3936	0.1765	0.0927

续表

	承接国际服务投入	承接国内服务投入	总产出水平	国际服务外包水平	国内服务外包水平	承接国际服务投入	承接国内服务投入	总产出水平	国际服务外包水平	国内服务外包水平
年份			2015					2016		
木材加工及木、竹、藤、棕草制品业	8.4108	4.3594	422.6546	0.0199	0.0103	12.6639	6.6515	521.1462	0.0243	0.0128
家具制造业	4.2835	2.2202	83.8249	0.0511	0.0265	15.8012	8.2994	265.5658	0.0595	0.0313
造纸及纸制品业	36.5914	18.9657	280.8245	0.1303	0.0675	68.7057	36.0869	498.5900	0.1378	0.0724
印刷业和记录媒介的复制	3.3817	1.7528	115.8107	0.0292	0.0151	6.5611	3.4462	267.8015	0.0245	0.0129
文教体育用品制造业	60.1938	31.1990	894.4098	0.0673	0.0349	28.4364	14.9359	501.5232	0.0567	0.0298
石油加工、炼焦及核燃料加工业	6.3471	3.2898	98.4053	0.0645	0.0334	24.0527	12.6334	38.6079	0.6230	0.3272
化学原料及化学制品制造业	202.0333	104.7159	887.6682	0.2276	0.1180	536.3084	281.6900	2296.8240	0.2335	0.1226
医药制造业	7.7172	3.9999	196.3652	0.0393	0.0204	16.5461	8.6907	396.7889	0.0417	0.0219
化学纤维制造业	10.8214	5.6088	206.5144	0.0524	0.0272	10.1569	5.3348	132.5962	0.0766	0.0402
黑色金属冶炼及压延加工业	77.5877	40.2145	1423.6278	0.0545	0.0282	132.5693	69.6306	1811.0564	0.0732	0.0384
有色金属冶炼及压延加工业	42.3663	21.9589	329.1864	0.1287	0.0667	54.8098	28.7883	409.3341	0.1339	0.0703
金属制品业	27.0187	14.0041	571.2199	0.0473	0.0245	34.4388	18.0886	734.3028	0.0469	0.0246
通用设备制造业	165.5806	85.8221	837.5345	0.1977	0.1025	257.4028	135.1980	1277.4334	0.2015	0.1058
专用设备制造业	121.8790	63.1711	558.0538	0.2184	0.1132	226.0584	118.7346	968.9600	0.2333	0.1225

续表

年份	承接国际服务投入	承接国内服务投入	总产出水平	国际服务外包水平	国内服务外包水平	承接国际服务投入	承接国内服务投入	总产出水平	国际服务外包水平	国内服务外包水平
	2015					2016				
交通运输设备制造业	99.0570	51.3422	1109.2610	0.0893	0.0463	279.6505	146.8833	3069.7093	0.0911	0.0478
电气机械及器材制造业	376.9785	195.3917	755.3166	0.4991	0.2587	1336.3373	701.8963	2632.6581	0.5076	0.2666
通信设备、计算机及其他电子设备制造业	251.4230	130.3151	1587.2667	0.1584	0.0821	429.4966	225.5883	2651.2133	0.1620	0.0851
仪器仪表及文化、办公用机械制造业	92.0335	47.7019	245.5537	0.3748	0.1943	192.9805	101.3609	492.4228	0.3919	0.2058
年份	2017					2018				
食品加工制造业	16.5322	8.7898	365.7572	0.0452	0.0240	17.7989	9.5489	373.9260	0.0476	0.0255
饮料制造业	1.1275	0.5995	191.1057	0.0059	0.0031	1.2139	0.6512	195.7922	0.0062	0.0033
烟草制品业	0.1502	0.0798	115.5095	0.0013	0.0007	0.1617	0.0867	95.0985	0.0017	0.0009
纺织业	121.9018	64.8122	944.9755	0.1290	0.0686	131.2416	70.4095	937.4400	0.1400	0.0751
纺织服装、鞋、帽制造业	70.8767	37.6833	499.1314	0.1420	0.0755	76.3070	40.9378	505.3445	0.1510	0.0810
皮革、毛皮、羽毛（绒）及其制品业	60.7557	32.3023	334.1898	0.1818	0.0967	65.4106	35.0920	343.3629	0.1905	0.1022
木材加工及木、竹、藤、棕草制品业	13.2744	7.0576	472.3970	0.0281	0.0149	14.2914	7.6672	539.2981	0.0265	0.0142
家具制造业	16.5629	8.8061	256.7893	0.0645	0.0343	17.8319	9.5666	256.2057	0.0696	0.0373

续表

年份	承接国际服务投入	承接国内服务投入	总产出水平	国际服务外包水平	国内服务外包水平	承接国际服务投入	承接国内服务投入	总产出水平	国际服务外包水平	国内服务外包水平
	2017					2018				
造纸及纸制品业	72.0179	38.2901	493.6113	0.1459	0.0776	77.5357	41.5969	514.8452	0.1506	0.0808
印刷业和记录媒介的复制	6.8774	3.6566	342.1611	0.0201	0.0107	7.4044	3.9724	343.7497	0.0215	0.0116
文教体育用品制造业	29.8072	15.8478	640.8780	0.0465	0.0247	32.0910	17.2164	775.1445	0.0414	0.0222
石油加工、炼焦及核燃料加工业	25.2123	13.4047	418.8084	0.0602	0.0320	27.1440	14.5624	46.9619	0.5780	0.3101
化学原料及化学制品制造业	562.1630	298.8880	2342.3457	0.2400	0.1276	605.2343	324.7008	2431.6364	0.2489	0.1335
医药制造业	17.3438	9.2212	399.6257	0.0434	0.0231	18.6726	10.0176	407.6984	0.0458	0.0246
化学纤维制造业	10.6465	5.6605	116.4826	0.0914	0.0486	11.4622	6.1493	121.2933	0.0945	0.0507
黑色金属冶炼及压延加工业	138.9603	73.8817	1500.6510	0.0926	0.0492	149.6070	80.2623	1547.1254	0.0967	0.0519
有色金属冶炼及压延加工业	57.4521	30.5459	402.8901	0.1426	0.0758	61.8540	33.1839	411.5366	0.1503	0.0806
金属制品业	36.0990	19.1930	777.9966	0.0464	0.0247	38.8648	20.8505	867.5189	0.0448	0.0240
通用设备制造业	269.8118	143.4522	1232.5802	0.2189	0.1164	290.4840	155.8411	1287.0359	0.2257	0.1211
专用设备制造业	236.9563	125.9837	935.8462	0.2532	0.1346	255.1112	136.8640	993.4236	0.2568	0.1378
交通运输设备制造业	293.1320	155.8510	3009.5690	0.0974	0.0518	315.5910	169.3107	3149.6104	0.1002	0.0538
电气机械及器材制造业	1400.7599	744.7491	2724.1539	0.5142	0.2734	1508.0821	809.0676	2857.2985	0.5278	0.2832

续表

	承接国际服务投入	承接国内服务投入	总产出水平	国际服务外包水平	国内服务外包水平	承接国际服务投入	承接国内服务投入	总产出水平	国际服务外包水平	国内服务外包水平
年份			2017					2018		
通信设备、计算机及其他电子设备制造业	450.2019	239.3611	2687.7725	0.1675	0.0891	484.6951	260.0330	2878.2368	0.1684	0.0903
仪器仪表及文化、办公用机械制造业	202.2838	107.5492	499.0964	0.4053	0.2155	217.7822	116.8375	522.0090	0.4172	0.2238

附录3 阶段性学术成果目录发表论文清单

序号	成果名称	成果形式	课题负责人排序	发表刊物及刊物年期	检索类型
1	环境分权与企业全要素生产率——基于来自我国制造业微观数据的分析	论文	独撰	财经研究 2017.03	CSSCI
2	制造业结构调整与比较优势变迁：遵循或偏离	论文	独撰	当代财经 2017.02	CSSCI
3	结构调整偏向性、比较优势变迁与制造业全要素生产率增长	论文	独撰	世界经济研究 2017.02	CSSCI